L&PMPOCKET**ENCYCLOPÆDIA**

CAPITALI$MO

Uma breve introdução

Série L&PM POCKET ENCYCLOPAEDIA

Alexandre, o Grande Pierre Briant
Anjos David Albert Jones
Ateísmo Julian Baggini
Bíblia John Riches
Budismo Claude B. Levenson
Cabala Roland Goetschel
Câncer Nicholas James
Capitalismo Claude Jessua
Cérebro Michael O'Shea
China moderna Rana Mitter
Cleópatra Christian-Georges Schwentzel
A crise de 1929 Bernard Gazier
Cruzadas Cécile Morrisson
Dinossauros David Norman
Drogas Leslie Iversen
Economia: 100 palavras-chave Jean-Paul Betbèze
Egito Antigo Sophie Desplancques
Escrita Andrew Robinson
Escrita chinesa Viviane Alleton
Evolução Brian e Deborah Charlesworth
Existencialismo Jacques Colette
Filosofia pré-socrática Catherine Osborne
Geração Beat Claudio Willer
Guerra Civil Espanhola Helen Graham
Guerra da Secessão Farid Ameur
Guerra Fria Robert McMahon
História da medicina William Bynum
História da vida Michael J. Benton
História econômica global Robert C. Allen
Império Romano Patrick Le Roux
Impressionismo Dominique Lobstein
Inovação Mark Dodgson e David Gann
Islã Paul Balta
Japão moderno Christopher Goto-Jones
Jesus Charles Perrot
John M. Keynes Bernard Gazier
Jung Anthony Stevens
Kant Roger Scruton
Lincoln Allen C. Guelzo
Maquiavel Quentin Skinner
Marxismo Henri Lefebvre
Memória Jonathan K. Foster
Mitologia grega Pierre Grimal
Nietzsche Jean Granier
Paris: uma história Yvan Combeau
Platão Julia Annas
Pré-história Chris Gosden
Primeira Guerra Mundial Michael Howard
Reforma Protestante Peter Marshall
Relatividade Russell Stannard
Revolução Francesa Frédéric Bluche, Stéphane Rials e Jean Tulard
Revolução Russa S. A. Smith
Rousseau Robert Wokler
Santos Dumont Alcy Cheuiche
Sigmund Freud Edson Sousa e Paulo Endo
Sócrates Cristopher Taylor
Teoria quântica John Polkinghorne
Tragédias gregas Pascal Thiercy
Vinho Jean-François Gautier

Claude Jessua

CAPITALI$MO
Uma breve introdução

Tradução de WILLIAM LAGOS

www.lpm.com.br

L&PM POCKET

Coleção **L&PM** POCKET, vol. 781

Texto de acordo com a nova ortografia.

Título original: *Le capitalisme*

Primeira edição na Coleção **L&PM** POCKET: julho de 2009
Esta reimpressão: fevereiro de 2019

Capa: Ivan Pinheiro Machado. *Foto*: iStock/Olivier Le Moal
Tradução: William Lagos
Preparação: Lia Cremonese
Revisão: Gustavo de Azambuja Feix

CIP-Brasil. Catalogação na Fonte
Sindicato Nacional dos Editores de Livros, RJ

J55c

Jessua, Claude
  Capitalismo / Claude Jessua; tradução de William Lagos. – Porto Alegre, RS: L&PM, 2019.
  128 p. – 18 cm   (Coleção L&PM POCKET; v. 781)

  Tradução de: *Le capitalisme*
  Inclui bibliografia
  ISBN 978-85-254-1884-5

  1. Capitalismo. I. Título. II. Série.

09-1838.   CDD: 330.122
                            CDU: 330.142.1

© Presses Universitaires de France, *Le capitalisme*

Todos os direitos desta edição reservados a L&PM Editores
Rua Comendador Coruja, 314, loja 9 – Floresta – 90.220-180
Porto Alegre – RS – Brasil / Fone: 51.3225.5777

Pedidos & Depto. comercial: vendas@lpm.com.br
Fale conosco: info@lpm.com.br
www.lpm.com.br

Impresso no Brasil
Verão de 2019

Sumário

Introdução 7

Capítulo I
As origens do capitalismo: Um esboço histórico 11

Capítulo II
Os ritmos da atividade econômica 38

Capítulo III
O capitalismo e os poderes constituídos 54

Capítulo IV
O estado e a economia de mercado 68

Capítulo V
O capitalismo e seus inimigos 96

Conclusão 110

Bibliografia 115

Sobre o autor 119

Introdução

O termo "capitalismo", apesar de sua desinência, não corresponde a uma construção do espírito ou a um sistema teórico. Foi forjado no século XIX por socialistas franceses, como Proudhon, Pierre Leroux ou Blanqui, que assim designavam o sistema econômico e social de sua época, um sistema que esperavam ver substituído, em um prazo mais ou menos longo, pelo "socialismo". Notemos que nem Marx, nem Engels, jamais empregaram precisamente esse termo: eles se referiam ao "modo de produção capitalista" ou à "economia burguesa", o que para eles significava o mesmo. Muito rapidamente, por efeito da pena dos doutrinários, esse neologismo adquiriu uma conotação pejorativa, associado como estava por eles a noções de injustiça ou de exploração, a tal ponto que os autores liberais o substituíram por expressões que, em sua maneira de pensar, eram mais neutras, como "economia de livre empresa" ou "economia de mercado".

Foi essencialmente a partir do século XX, por influência de historiadores como Werner Sombart, na Alemanha, e Henri Hauser, na França, ou de sociólogos como Max Weber, ou ainda de economistas, entre eles Schumpeter, que o termo "capitalismo" adquiriu respeitabilidade acadêmica, acabando por se livrar da atmosfera polêmica que prejudicava anteriormente seu estudo e que fazia dele, segundo a expressão criada por François Perroux, uma "causa de combate".

Porém é necessário que dediquemos alguma reflexão ao próprio termo "capitalismo". Desde o século XVIII, a palavra "capitalista" designava alguém que possuía capitais financeiros e que os empregava em investimentos. O termo era de uso frequente entre os autores de língua inglesa, como Adam Smith (1723-1790), ou de língua francesa, como Turgot (1727-1781), que, a partir de 1766, designava os donos de empresas como "capitalistas empresários de cultura" (os fazendeiros) ou como "capitalistas empresários de indústria" (nome que abrangia todos aqueles que fossem proprietários de empresas não agrícolas).

Desse modo, o capitalismo era então um sistema socioeconômico que apresentava como personagem dominante a pessoa do capitalista. Essa figura era compreendida em dois sentidos: ora como o possuidor de um capital que se esforçava para investir de forma a fazê-lo crescer, ora como um empresário que decidia aplicar esses valores em sua própria indústria a fim de fazê-la prosperar. Essa definição já implicava uma distinção nítida entre os possuidores de capitais (os capitalistas) e os assalariados, que possuíam somente a força de seus braços. François Quesnay (1694-1774) já descrevia os fazendeiros[1] como "possuidores de grandes capitais". Depois dele, os autores que, como Adam Smith, assumiram a tarefa de descrever os recursos que levavam ao enriquecimento das nações, em outras palavras, os processos do crescimento econômico, insistiram conjuntamente sobre o papel exercido pelo capital existente e pelos meios de sua acumulação.

Eles geralmente admitiram que essa acumulação, o mesmo que nós chamamos hoje de investimentos ou de formação de capital, era realizada pelos cidadãos ou pelos empresários em busca de lucros. De fato, já não se tratava simplesmente de cobrir os custos da produção, mas de originar um excesso – o lucro – que seria reinvestido e permitiria assim que a empresa crescesse, sendo que a lei do crescimento era a mesma que governava os juros compostos. Se ampliamos esse ponto de vista para uma escala nacional, a economia de um país capitalista pode ser considerada como um sistema cuja finalidade é a de crescer, sendo o crescimento das riquezas e procedendo de forma cumulativa. Em outras palavras, um estado que permanece estacionário é estranho à essência do capitalismo.

---

1. De fato, o fazendeiro era para Quesnay, e mesmo para Turgot, o arquétipo do empresário. (N.A.)

Inicialmente, precisamos deixar bem claro o que vamos entender ao empregar a palavra capitalismo a fim de melhor restringir o âmbito de nosso estudo. Existem numerosas definições desse termo. Vamos adotar a definição de Schumpeter (1833-1950)[2]: o capitalismo define-se pela apropriação privada dos meios de produção; pela coordenação de decisões por meio de trocas, em outros termos, pelo mercado; finalmente pela acumulação de capitais através de instituições financeiras, ou seja, pela criação do crédito. Essa definição tem o efeito de opor o capitalismo ao socialismo no grande conflito contemporâneo entre os dois sistemas. Na realidade, o mesmo Schumpeter nos propõe uma definição simétrica do *socialismo*: trata-se de um sistema caracterizado pela apropriação coletiva dos meios de produção. A coordenação das decisões, a aplicação dos recursos produtivos e o ritmo da acumulação dos capitais são nele determinados por um conjunto de injunções previamente estabelecidas, ou seja, um Plano, que substitui o mercado.

Uma ressalva precisa ser feita: não teremos ocasião aqui de fazer alusão ao "comunismo". Trata-se de um sistema teórico que, segundo os termos do próprio Marx em sua *Crítica ao programa de Gotha* (1875), estava destinado a obedecer à fórmula: "De cada um conforme suas capacidades a cada um conforme suas necessidades". A realização desse plano parecia ser uma possibilidade longínqua, porque supunha um tal desenvolvimento das forças produtivas que a escassez seria totalmente abolida e todas as pessoas teriam acesso direto e gratuito a todas as coisas de que tivessem necessidade, deixando de lado até mesmo a moeda. Os russos, após a experiência trágica do "comunismo de guerra" (1918-1921), viram-se forçados a se render à evidência: o comunismo era apenas um ideal que não poderia ser imediatamente posto em prática. Tornava-se necessário, portanto, passar por uma longa fase de transição, em que a máxima a obedecer

---

2. J. A. Schumpeter (1942). Essas referências destinam-se a encaminhar o leitor à bibliografia geral que se encontra no final deste volume. (N.A.)

seria a seguinte: "De cada um conforme suas capacidades a cada um conforme o seu trabalho". O nome "socialismo" foi adotado então pelos próprios russos para designar esse regime transitório. Foi esse o sistema que caracterizou a União Soviética e os diversos "Países do Leste" até o final da década de 1980, ainda que o partido único no poder conservasse o nome de "Partido Comunista". A definição de socialismo proposta por Schumpeter aplicava-se às mil maravilhas a esse sistema. No princípio dos anos 1980, os especialistas, seguindo a sugestão do próprio Leonid Brejniev, passaram a designar esses países como aqueles do "socialismo real".

Por outro lado, podemos observar que o regime dos países em que a "social-democracia" assumiu o poder (particularmente no caso da maioria dos países da Europa ocidental e setentrional, entre eles, apesar de uma série de recuos e retomadas, a própria França) é apenas uma variação do capitalismo, mesmo quando o governo é exercido por uma maioria cujo partido dominante intitula-se "Partido Socialista".

É pela análise do aspecto histórico do surgimento e da evolução do capitalismo que este estudo iniciará.

Capítulo I

As origens do capitalismo: Um esboço histórico

O interesse em abordar o capitalismo através de sua evolução histórica surge mais claramente a partir do momento em que percebemos o caráter realmente revolucionário desse sistema econômico no decorrer dos séculos. Faremos duas observações que nos ajudarão a apreender seu verdadeiro caráter.

David Landes[3] observou que, em termos de condições de vida material, os ingleses de 1750 estavam mais próximos de um legionário dos tempos de César do que do nível de vida de que usufruiriam seus bisnetos. Segunda observação: se a imaginação puder transportar-nos à metade do século XVIII, ou até mesmo aos termos básicos da existência humana durante os primeiros anos do século XIX, vamos perceber que o nível de vida médio de um europeu, dos habitantes dos países islâmicos, tanto os da África do Norte quanto os do Oriente Próximo, da Índia ou até da China, eram aproximadamente os mesmos ou, em todo o caso, muito mais próximos do que as enormes diferenças que em pouco tempo surgiriam. A razão é que estaríamos às vésperas da Revolução Industrial, isto é, da maior modificação de toda a história humana, que conduziria o Ocidente europeu a exercer um domínio sem precedentes sobre o mundo.[4]

Neste capítulo, vamos nos esforçar para salientar esse ponto, a partir de tudo o que nos ensinam as pesquisas históricas referentes às origens do capitalismo. Essa tarefa preliminar é efetivamente indispensável se pretendemos

---
3. David Landes (1975). (N.A.)
4. A mesma observação foi feita por Carlo Cipolla (1976) e por Fernand Braudel (1979, vol. 3, p. 671). Conforme também Paul Bairoch (1993). (N.A.)

compreender a natureza desse sistema e identificar as suas perspectivas. Para atingir esse objetivo, vamos desenvolver em termos precisos a cronologia e as linhas principais da evolução do capitalismo. A partir de que momento histórico encontramos um modo de organização econômica e social que se possa legitimamente considerar como capitalista? Ao longo do caminho, poderemos indagar qual foi o papel da religião e tentar identificar os efeitos da Revolução Industrial sobre a natureza global do sistema.

A observação histórica permite-nos constatar que a mecânica do sistema da economia de mercado já funcionava em uma época muito anterior ao estágio industrial das sociedades. Isso poderia encorajar-nos a ir buscar ainda mais longe no passado as origens do capitalismo propriamente dito. Essa providência se mostraria ainda mais necessária ao considerarmos que a história da Antiguidade oferece-nos o espetáculo das grandes metrópoles, com suas estruturas complexas, abrigando frequentemente correntes muito importantes de trocas comerciais com países vizinhos ou distantes. Essas correntes de mercadorias irrigaram não apenas a Grécia e o mundo helenístico, mas todo o contorno do Mediterrâneo até o Oriente Médio, já que todos esses territórios foram em seguida enquadrados pela poderosa organização do Império Romano. Seria altamente surpreendente que a economia desses países, mesmo nos tempos mais recuados, não tivesse apresentado instituições bastante semelhantes àquelas que mais caracterizam o capitalismo. Contudo, nosso objetivo não é o de voltar tão longe no passado. Aqui nos contentaremos em localizar as principais linhas evolutivas da economia do Ocidente a partir do final do Império Romano.[5]

O nascimento e a evolução da economia medieval

O início do capitalismo, tal como o entendemos hoje em dia e tal como o definimos, pode ser localizado a partir da

---

5. O leitor poderá encontrar comentários muito interessantes sobre as civilizações mais afastadas no espaço e no tempo na obra de Paul Bairoch (1997). (N.A.)

Idade Média, ainda que a sociedade medieval nem de longe constituísse uma civilização homogênea. É necessário, para compreender a natureza e as fontes de sua evolução, recordar que a sociedade medieval, já em sua forma característica, surgiu na Europa logo depois da queda do Império Romano, provocada pelas invasões bárbaras e mais ainda pela fragilidade crescente das bases econômicas e sociais da vida cotidiana. Será útil para o propósito deste livro retraçar de forma resumida as grandes linhas da evolução da sociedade medieval. Ao pesquisar as causas e as modalidades de sua evolução e de seu desaparecimento final, colocaremos *ipso facto* em evidência os fatores que determinaram o nascimento do capitalismo. É inegável que antes da Idade Média já existiam comerciantes, empresários e financistas que exerciam seu talento no Oriente e depois na Grécia e em Roma. Todavia, foi na Europa, a partir do século XII e sem mais interrupções, que se assistiu ao desenvolvimento de um sistema socioeconômico inteiramente orientado para a acumulação de riquezas e de capacidades produtivas.

Vamos, portanto, retornar ao início da Idade Média, ou seja, ao final das civilizações da Antiguidade Clássica.

O fim da ordem romana – As invasões bárbaras dos séculos III, IV e V de nossa era provocaram o deslocamento e a queda do Império Romano, determinando, mais precisamente, o final das estruturas políticas e administrativas do Império Romano do Ocidente. A insegurança que, após essas invasões, passou a reinar nas sociedades essencialmente agrícolas do Ocidente estimulou os habitantes a se refugiarem em um certo número de organizações urbanas fortificadas ou nas cercanias do castelo de alguns proprietários poderosos (os chamados *potentes* galo-romanos do século IV, por exemplo), os quais, em troca da proteção que lhes davam, exigiam uma certa quantidade de pagamentos em espécie. Contudo, as situações variavam muito de um lugar para outro; a dominação exercida pelos poderosos assumia algumas vezes mais um caráter de extorsão brutal do que o de um processo de trocas!

Ao estudarmos essas estruturas que anunciavam o começo do feudalismo, veremos que o problema essencial das populações, a partir de então, era o da segurança dos bens e das próprias pessoas; essa segurança não podia mais ser garantida pelo poder imperial enfraquecido. A civilização urbana foi então dando lugar a microssociedades que, restringidas a si mesmas, sofreram um processo nítido de decadência, evidenciado pelo declínio demográfico, pela escassez de moeda ou de outros valores de troca semelhante à monetária e, em consequência, pela sensível contração dos intercâmbios comerciais. Esse fenômeno de declínio, particularmente perceptível no século V, afetou todos os territórios do Império Romano do Ocidente.

Por sua vez, o Império Romano do Oriente permanecera aberto às trocas com o exterior, e o comércio ocorria pelo Mediterrâneo, cujas rotas sempre foram um caminho privilegiado para as transações entre os povos. Não foi sem razão que os romanos chamavam o Mediterrâneo de *Mare Nostrum*: em certo sentido, todo o Império Romano se edificara ao redor do Mediterrâneo. As conquistas da Europa, da África e da Ásia destinavam-se acima de tudo a proteger os campos de cultivo do Império e a garantir a segurança do transporte de provisões. No momento em que cortou suas ligações com o Mediterrâneo e que se voltou para as terras interiores, Roma demonstrou-se infiel à sua vocação histórica e geográfica: esse foi um sinal do seu declínio, porque, ao assumir essa atitude, ela havia de uma cera maneira renunciado ao seu antigo papel de potência imperial.

As grandes correntes de trocas comerciais, a partir de então, inseriram-se em uma nova configuração. Se nos situamos no século V, vemos de um lado o mundo mediterrâneo modificar seus grandes eixos, e, de outro, percebemos que a própria composição da população europeia se havia transformado profundamente em consequência das grandes invasões.

Além disso, as grandes correntes de trocas comerciais através do Mediterrâneo tinham sido inicialmente perturbadas pelo fato de Constantinopla progressivamente assumir as funções econômicas que antes pertenciam a Roma. Nessa época, Roma dedicava tudo quanto lhe restava de energia e de meios materiais para resistir às invasões. Uma vez que não pretendemos exercer aqui a função de um historiador e narrar os principais episódios que marcaram a história da Europa após a queda de Roma (ano 476 de nossa era), vamos nos contentar com a revisão, sobretudo em termos de leitura econômica, das principais etapas percorridas por ela até a Revolução Industrial.

A ordem feudal: da defesa à expansão – A Europa ocidental, portanto, após as grandes invasões e a queda de Roma, passou por um período de tribulações, durante o qual a principal preocupação dos povos era a simples sobrevivência e a proteção contra os invasores que chegavam de todos os lados. Os vestígios do antigo Império Romano do Ocidente podiam na verdade ser descritos como os elementos de uma fortaleza sitiada por povos diversos (particularmente durante os séculos IX e X): uns vinham do sul (os árabes, chamados de sarracenos), outros do norte (os vikings, chamados de normandos), outros ainda do leste (germânicos e hunos). Os vestígios do Império Romano do Ocidente haviam passado por uma espécie de renascimento, entre a metade do século VIII e o começo do século X, através do Império Carolíngio, que determinou o estabelecimento, após tentar inutilmente reconstituir o Império Romano, das estruturas fundamentais da sociedade medieval na Europa.

A partir desses grandes movimentos populacionais, os invasores finalmente se estabeleceram e deixaram seus descendentes nos países que haviam conquistado, constituindo-se pouco a pouco a população dos países europeus de hoje. A necessidade de se proteger contra as agressões eventuais incitou a gente humilde a se colocar sob a tutela de um protetor poderoso, ao menos em nível local. As atividades permaneciam essencialmente agrícolas e correspondiam em geral, ao menos no começo, à necessidade de assegurar a subsistência dessas microssociedades. Elas se organizavam de modo a bastar a si próprias, o que explica a contração geral das trocas comerciais que se observa nesse período, assim como a decadência das cidades, cuja população literalmente se havia dissolvido. No plano econômico, podemos descrever esse sistema como uma economia de propriedades agrícolas fechadas.

Institui-se assim, pouco a pouco, uma ordem bem diferente daquela que havia caracterizado a sociedade romana: formou-se a ordem feudal, que estruturou as sociedades europeias da Idade Média. Os principais traços desse sistema podem ser descritos como uma rede de prestações, contraprestações e sujeições em que cada indivíduo estava inserido. A autarquia das unidades rurais, a diminuição dos intercâmbios comerciais e o desaparecimento quase completo da moeda devido à tendência ao entesouramento fizeram com que o escambo se tornasse a modalidade típica de trocas e transações. Em outras palavras, podemos dizer que a época dos mercadores – portanto dos mercados – havia terminado. Os cultivadores, os servos, a partir de então se achavam presos à pessoa e à terra de um senhor a quem deviam corveias e outras prestações em trabalho ou espécie. Em troca, o senhor devia-lhes ajuda e proteção. O sistema funcionava como um seguro de vida natural. Poderíamos levar mais longe a analogia observando que o próprio senhor podia encontrar-se na situação de render homenagem a um senhor mais poderoso do que ele, seu suserano, do qual ele era vassalo, o que em suma constituía um sistema de resseguro. Os laços de vassalagem podiam assim se encaixar uns nos outros como bonecas russas, até a homenagem que os maiores dentre os senhores prestavam a seu rei ou imperador.

A vassalagem, assim entendida, foi passando por importante evolução ao longo do tempo: embora o sistema tivesse sido inicialmente concebido como um conjunto de prestações e contraprestações pessoal e precário, os laços de vassalagem tornaram-se progressivamente hereditários e permitiram que os vassalos do rei formassem o início do que constituiu depois a aristocracia, cuja essência era duplamente militar e rural. O mais importante, em decorrência disso, é que o Estado, no sentido romano da palavra, se dissolvera, ou melhor, se fragmentara em uma multidão de senhorias, cada uma das quais, em seu próprio nível, exercendo as funções reais e recebendo os direitos correspondentes a funções como a defesa do território, o controle das estradas, vias fluviais e pontes, a supervisão dos mercados, o policiamento e até mesmo o exercício da justiça. Na insegurança geral que dominava a sociedade de então, esse sistema trazia vantagens para todos, de tal modo que se foi expandindo até constituir a regra sociopolítica geral. O princípio de sua extensão era o de que os homens livres ou os pequenos e médios proprietários entregavam (vendiam) suas terras ao senhor, que as devolvia a título de feudos, empenhando-se em troca a lhes garantir ajuda e proteção. Foi assim que se instituiu um novo tipo de propriedade. Essa nova propriedade poderia ter conduzido ao parcelamento progressivo dos feudos, mas tal perigo foi diminuído pela instituição do direito de primogenitura.

O direito de propriedade, nesse sistema, abrange então um direito sobre a *pessoa* do vassalo, o que se demonstra ainda mais verdadeiro no último degrau dessa sociedade ruralista: o *servo*, de fato, está ligado, com os seus, não só à pessoa de seu senhor, mas também à terra em que vive e trabalha. Isso implica o fato de que todos os relacionamentos entre amos e subordinados são regidos por redes de direitos e deveres *naturais*, e não por meio de transações livres. Em consequência, a noção de *mercado* torna-se totalmente ausente dessa organização; a economia rural fechada é regida pelas necessidades da hierarquia. Desse modo, a ordem feudal que estava se estabelecendo por toda parte parecia satisfazer todas as condições da estabilidade. Essa foi a ordem reinante sobre a Europa entre os séculos IX e XIII (no caso da França). Os três fenômenos que determinaram seu fim ou que, pelo menos, obrigaram o sistema a evoluir mais rapidamente do que seria de esperar, foram a urbanização, o comércio exterior e a expansão monetária.

A urbanização – A passagem de uma economia essencialmente rural para uma economia urbana realizou-se, em muitos dos países europeus, a partir do que foi algumas vezes denominado de *Revolução Comunal*, um movimento que se desenvolveu entre os séculos IX e XIV, com características e modalidades diversas de acordo com os países.

A economia dos domínios fechados, que caracterizava o mundo feudal, alcançou seus limites quando alguns dos habitantes dos domínios feudais começaram a sentir desejo de melhorar sua condição de vida passando a morar nas antigas cidades romanas ou em burgos fortificados a fim de lucrar com as possibilidades de trocas abertas por essas aglomerações. Uma aglomeração urbana ou quase urbana se encontra de fato nas encruzilhadas, à beira-mar ou à margem de um rio e é constituída por pessoas que exercem profissões diversas, de tal modo que enfim se torna possível sair da situação de bloqueio, de autoconsumo e de autarquia a qual as pessoas estão efetivamente condenadas a se submeter quando pertencem a um domínio.

As cidades eram pouco numerosas na Europa ocidental e as que existiam eram, em geral, pequenas. Entre os séculos VI e IX, uma cidade poderia ser considerada como grande caso tivesse uma população de mais de 5 mil habitantes. Essas cidades, por sua vez, estavam estritamente inseridas no sistema feudal, de forma que seus habitantes praticamente não gozavam de muito melhor sorte do que os camponeses, porque estavam submetidos a senhores, leigos ou eclesiásticos que reinavam sobre a cidade. Havia ocasiões em que uma cidade poderia estar sujeita ao domínio de vários senhores, por exemplo, um duque e um bispo ou mesmo o rei, como era o caso de Paris. A situação dos citadinos estava longe de ser satisfatória, sendo essa a explicação para o nascimento e a expansão do movimento comunal.

Pouco a pouco, observou-se a instalação desse movimento nas cidades italianas, depois no centro e no norte da França, em Flandres e na Alemanha. Nessas cidades, os burgueses decidiam associar-se em um juramento comunal, com a intenção de obter de seu senhor certos privilégios e um estatuto que lhes permitisse escapar da situação quase servil que tinha sido até então a sua. O senhor concedia-lhes essas vantagens geralmente pela outorga de uma carta, o que era mais ou menos fácil de se obter. O senhor tinha vantagem em conceder tal outorga na medida em que rendas bem mais importantes podiam ser obtidas dos burgueses, cuja situação econômica havia melhorado. Estes últimos passavam à situação de *franco-burgueses*: eles ascendiam a essa nova posição social pela aplicação do juramento comunal. Este diferia do juramento feudal no sentido em que estabelecia um relacionamento entre iguais, e não mais entre um inferior e seus superior. Assistiu-se então a um fenômeno inteiramente novo, que viria a permitir o progresso da burguesia pela possibilidade de assumir iniciativas econômicas que, em grande parte, eram impossíveis de empreender em sua condição precedente.

A sobrevivência das cidades, por mais medíocres que se tivessem tornado, havia então desencadeado esse afluxo de uma parte das populações rurais para essas aglomerações, e a revolução comunal deu um novo impulso ao fenômeno urbano. Esse movimento ocorreu conforme modalidades diversas, e nem sempre as cartas foram outorgadas de forma pacífica. Mesmo assim, em pouco tempo esse movimento tendia a se generalizar por toda a Europa ocidental. Em resumo, era uma verdadeira redistribuição de poderes: o movimento comunal foi responsável, nessas municipalidades, pelo governo dos comerciantes para os comerciantes. O poder dos mercados começava a se impor sobre o poder dos senhores.

O comércio exterior – Agora estamos prontos para compreender o papel exercido por um segundo fator provocado pela urbanização: o comércio exterior. Em certo sentido, em comparação com uma economia rural fechada, todo comércio com outra cidade já pode ser classificado como exterior. Esse tipo de troca pressupõe que existe a possibilidade de transportes e de comunicações entre as cidades, algumas vezes relativamente afastadas umas das outras, e mesmo que um certo tipo de ordem pública seja assegurado, de modo a garantir uma segurança razoável para a circulação de pessoas e de mercadorias. A partir do momento em que esse movimento foi desencadeado, ele tendeu a se generalizar, assim como vimos a generalização do movimento comunal, precisamente em função das vantagens que acarretava para todas as partes envolvidas. Essas vantagens decorriam da divisão do trabalho e do surgimento das especializações, que se estabeleceram não só entre indivíduos vistos sob o ângulo de suas ocupações, mas também entre as regiões cujas riquezas de fatores naturais eram diferentes.

Compreende-se a partir de então que esses fatores, já influenciando o comércio interior, manifestem-se com muito mais potência no comércio exterior. Estabeleceram-se então comunicações entre países que anteriormente permaneciam separados e que até mesmo ignoravam a existência uns dos outros. Os laços que foram criados nesse período eram essencialmente mercantis; foi assim que começaram a se desenvolver as cidades italianas, depois os portos do Mediterrâneo ou, no norte da Europa, as cidades da Liga Hanseática. Por trás de toda ligação marítima propriamente dita, encontramos, no coração do continente, uma prosperidade que cada vez mais se afirmava nas grandes cidades de feiras, situadas nos pontos de encontro de vias: esse é o caso de Troyes, Augsburg e Lyon. Alguns desses laços firmaram-se por ocasião dos grandes movimentos históricos: é o caso da conquista e da instalação dos árabes na Espanha, que transformaram Córdoba, Toledo e Granada em grandes empórios comerciais. É também o efeito das *cruzadas*, que levaram os cristãos do Ocidente, entre os séculos XI e XIII, à conquista das riquezas do Levante.

O caso das cruzadas é particularmente interessante pela amplidão do próprio movimento e pela importância dos efeitos que desencadeou. O nome de "cruzadas" foi dado a oito expedições militares empreendidas entre os séculos XI e

XIII pelos cristãos do Ocidente, com o objetivo declarado de libertar Jerusalém e os Lugares Santos do domínio muçulmano através de uma reconquista. Esse foi um acontecimento extremamente importante, sobretudo no plano psicológico, no sentido que permitiu pela primeira vez aos europeus uma tomada de consciência da unidade essencial de sua fé religiosa. De fato, foi uma Europa cristã que se lançou ardorosamente a essa aventura: os cruzados tinham a convicção de estar a serviço de Deus e de cumprir um dever religioso tão importante que ultrapassava qualquer outra obrigação a que pudessem estar sujeitos.

Por outro lado, as consequências a longo prazo dessas cruzadas não foram menos importantes. Elas aclimataram na Europa a ideia de que o espírito de aventura estava associado ao Oriente e de que era no Oriente, especialmente na Índia, que era possível enriquecer obtendo mercadorias cujo nome bastava para fazer sonhar os mercadores: eram as sedas, o marfim, as pedras e os metais preciosos; mais ainda, eram as especiarias, objeto de um comércio particularmente rentável. As especiarias (a pimenta, o cravo, a canela, o gengibre e o açafrão) eram de fato mercadorias de alto valor específico em relação a seu peso e volume e eram intensamente buscadas não só por seu valor culinário e pelo prestígio que se atribuía a seu consumo, como também por seu emprego farmacêutico. Esses produtos provinham sobretudo da Ásia, e Constantinopla ocupava uma posição dominante nesses negócios.

Sobre o estrito plano econômico, o efeito das cruzadas foi considerável. Além da intensificação das trocas comerciais entre a Europa e o Oriente Próximo, como se poderia esperar, foram elas que encorajaram algumas cidades da Itália (como as repúblicas de Gênova e de Veneza) a se lançarem cada vez mais no empreendimento desse comércio rentável. As rivalidades decorrentes desse lançamento assumiram logo um aspecto trágico e paradoxal: assim, a Quarta Cruzada (1202-1204) foi a ocasião para os venezianos começarem uma verdadeira incursão de cruzados, primeiro em Zara (localizada na costa da Dalmácia), depois, e sobretudo, em Constantinopla, que foi pilhada duas vezes (especialmente em 1204), e somente se recuperou disso com muitas dificuldades, e mesmo assim de forma parcial, posteriormente. Nem de longe se pensava mais em libertar os Lugares Santos, mas foi essa expedição que permitiu a Veneza tornar-se a potência comercial dominante do Mediterrâneo.

A expansão comercial das cidades-estados italianas provocou uma série de consequências econômicas: os mercadores comprometidos com essas expedições comerciais tiveram de refinar seus métodos de gestão. Foi assim que surgiu a contabilidade de partidas dobradas em Florença, a partir do final do século XII, até ser codificada em Veneza por Luca Paccioli em 1495. Por outro lado, a importância dos capitais que era necessário reunir para o financiamento dessas operações e o número de comerciantes e países nelas envolvidos deram origem a um desenvolvimento bancário sem precedentes, do mesmo modo que a inovações jurídicas, como a constituição de sociedades comerciais, ou ainda o desenvolvimento dos contratos de seguro, todas inovações que tinham por objetivo, ou no mínimo por efeito, burlar a proibição canônica da usura, ou seja, de conceder empréstimos mediante a cobrança de juros.

Por outro lado, as cruzadas foram a causa indireta da transformação do sistema feudal. Partir para as cruzadas era extremamente dispendioso para os senhores que se envolviam nessas expedições. Muitas vezes, para conseguir dinheiro, eles eram forçados a vender parte de suas terras, que assim saíam do regime senhorial, ou ainda a conceder, mediante compensação financeira, cartas de franquia a cidades que até então dependiam deles. Assim contribuíram para a urbanização da sociedade.

Uma vez que a circulação de homens e de mercadorias se acelerou e, acima de tudo, uma vez que se percebeu que o meio mais seguro de enriquecer rapidamente se achava no comércio em larga escala, não é de surpreender que um número cada vez maior de mercadores, banqueiros e armadores de frotas se envolvesse com essas atividades. É claro que essas operações acarretavam riscos importantes, devido à insegurança dos transportes ou dos regimes políticos e às incertezas da navegação; entretanto, uma única expedição bem-sucedida poderia garantir a fortuna de um mercador. A tentação, portanto, tornou-se grande, para os espíritos mais aventureiros, de se lançar nessas empresas audaciosas e até mesmo de enfrentar o alto-mar.

A abertura para o mundo

Enfrentar o alto-mar... Essa última ideia foi impondo-se progressivamente, ainda mais que a Europa começava a sofrer a escassez de metais preciosos, o ouro e a prata necessários para pagar, ao menos em parte, as mercadorias importadas do Oriente. Chegou-se ao ponto em que as minas europeias não eram mais suficientes para o fornecimento dos metais indispensáveis para a cunhagem de moeda.

As grandes descobertas

Efetivamente, foi perto do final do século XV que se começou a assistir às *grandes descobertas* geográficas que permitiram aos europeus o acesso a terras até então desconhecidas, ou que facilitaram seu acesso marítimo a essas outras terras que até então somente podiam ser alcançadas por longas viagens, em boa parte por rotas terrestres. Todas essas descobertas tinham uma característica em comum: o que os navegadores buscavam era encontrar um caminho marítimo para as Índias, evitando, assim, as despesas e os perigos das viagens terrestres e a hostilidade dos turcos que, após a tomada de Constantinopla (1453), haviam-se tornado os senhores do comércio no Mediterrâneo oriental.

Diversos fatores tornaram possíveis essas expedições: em primeiro lugar, o progresso da construção naval, que colocou à disposição dos navegadores os barcos de leme móvel, capazes de afrontar os oceanos; em segundo lugar, o uso da bússola e outros progressos da astronomia náutica; finalmente, a nova hipótese (que remontava a Ptolomeu) de que a Terra era uma esfera, o que incitou os navegadores a viajar para o oeste, buscando encontrar pelos caminhos marítimos o que sabiam não ser possível encontrar a leste, já que o Mediterrâneo era um mar fechado.

Foi assim que, em 1492, um navegante genovês chamado Cristóvão Colombo partiu da Espanha, terminando seu percurso na América Central, sem perceber que acabara de descobrir um novo continente, porque acreditava ter dado às praias das regiões extremas do Japão ou da China e, assim, ter descoberto a via marítima para as "Índias Ocidentais". Os primeiros grandes descobridores dos novos caminhos oceânicos foram portanto as populações ribeirinhas do oceano Atlântico, em primeiro lugar os portugueses, seguidos pelos espanhóis. Foram os portugueses, em particular, que tiveram a ideia de percorrer as costas atlânticas da África, progressivamente descendo ao sul do Equador, até que, em 1497, Vasco da Gama dobrou o cabo da Boa Esperança e prosseguiu viagem até Calicute (a atual cidade indiana de Kerala).

Do lado do oeste, a exploração da América por espanhóis e portugueses foi-se ampliando cada vez mais. Assim foi realizada a conquista do México, da Colômbia e do Peru pelos espanhóis e do Brasil pelos portugueses. O apogeu das grandes descobertas foi atingido quando, em 1520, Fernando de Magalhães descobriu a passagem marítima entre os oceanos Atlântico e Pacífico e atingiu as ilhas Filipinas. Mesmo que Magalhães tenha perdido a vida durante a viagem, um de seus companheiros prosseguiu, dobrando o cabo da Boa Esperança e chegando a Sevilha em 1523. Pela primeira vez na história conhecida, os homens tinham dado a volta ao mundo. Repetindo a frase famosa que Paul Valéry lançou, quatrocentos anos mais tarde, "a era do mundo finito" havia começado.

As consequências dessa expansão comercial sobre as economias europeias seriam consideráveis. No plano intelectual, as mentes mais lúcidas da Europa já tomavam consciência de que o mundo era um só e de que a Europa não era necessariamente o seu centro, uma expressão que cada vez mais foi adquirindo sentido e que ia de encontro a certas verdades que a Igreja Católica, em particular, considerava como artigos de fé. No plano econômico, começou-se a perceber que as grandes expedições comerciais tornavam-se cada vez mais dispendiosas e exigiam, portanto, a mobilização de capitais importantes. Esse é um fator adequado para explicar o surgimento de praças financeiras cada vez mais poderosas e mais preparadas para fornecer os serviços portuários e bancários que eram exigidos pelo comércio em larga escala.

Os primeiros a explorar essas novas possibilidades foram os mercadores, banqueiros e armadores de navios italianos: os genoveses e mais ainda os venezianos foram realmente os primeiros a tirar vantagem do acréscimo no movimento de tráfego e transporte (inclusive o transporte de passageiros) provocado pelas cruzadas. A Quarta Cruzada, em particular, lhes permitiu que se livrassem de seus rivais bizantinos e salonicenses, passando, assim, a ocupar uma posição de destaque no comércio mediterrâneo de grande escala. Foi então que os banqueiros florentinos desenvolveram redes de empórios comerciais e atividades bancárias e de câmbio por toda a bacia do Mediterrâneo e em direção ao norte, até Avignon, Lyon, Paris, Bruges e Londres. Até mesmo as ordens monásticas, por ocasião das cruzadas, tornaram-se grandes manipuladoras de capitais, chegando a fazer empréstimos a soberanos: foi essa a atividade da Ordem dos Templários, até que o rei francês Felipe, o Belo, pôs fim à sua existência.

Esses grandes movimentos de comércio exterior não se limitaram ao Mediterrâneo, nem tampouco às relações comerciais com o Oriente. Nessa época, uma importante rede de comércio desenvolveu-se no mar do Norte e no Báltico, incluindo as cidades da Hansa, que formaram a Liga Hanseática, cuja prosperidade manteve-se sobretudo entre os séculos XIII e XVI. Essas cidades, essencialmente portos marítimos, como Reval, Lübeck, Hamburgo, Bremen, Rostock, Stettin, Dantzig e Königsberg, associaram-se a centros situados no interior das terras, como Colônia, Breslau, Magdeburgo e Cracóvia, estabelecendo ainda feitorias em Bruges, Bergen, Londres e Nijni-Novgorod, passando a reinar sobre todo o comércio entre a Europa Central, a Escandinávia, a Europa Setentrional e a Moscóvia.

Contudo, a Guerra dos Trinta Anos desferiu um golpe fatal sobre a Hansa. Seu declínio, como o da República de Veneza, já havia começado por efeito das grandes descobertas portuguesas e espanholas, que haviam consagrado o predomínio dos países da orla do oceano Atlântico em relação aos países ribeirinhos de mares fechados, como o Mediterrâneo e o Báltico. Isso não impediu que, durante o tempo em que durou sua prosperidade, essas zonas comerciais tenham sido o palco de um desenvolvimento considerável das técnicas comerciais, contábeis e bancárias. É aliás o que veremos a seguir ao descrever o terceiro fator que, juntamente com a urbanização e o comércio exterior, determinou o desenvolvimento e o progresso de um capitalismo comercial e financeiro: a expansão monetária e bancária.

A expansão monetária e bancária

De fato, o mundo econômico mudou completamente de aspecto. Inicialmente, descrevemos sociedades rurais que bastavam a si mesmas, nas quais o autoconsumo dos produtos agropecuários era o fator dominante e as trocas monetárias somente apresentavam uma importância marginal em comparação com as trocas de escambo, ou seja, em espécie. Agora, passamos a uma sociedade aberta para o exterior, até mesmo aberta para o resto do mundo. Nessa nova sociedade, as relações hierárquicas do poder senhorial tenderam a ser substituídas por relações comerciais. As fortunas podiam não ser mais unicamente terrenas: elas começavam a se revestir de uma aparência mais abstrata, desmaterializada, apresentando-se como somas de moedas e, inclusive, como somas algébricas, o excedente dos créditos sobre os débitos. Um dos fatores que explicou essa transformação reside precisamente no crescimento dos meios de pagamento que surgiram nos mercados. Tentaremos caracterizar essa evolução.

Recordaremos que, após a queda do Império Romano do Ocidente, os valores monetários, particularmente as peças de ouro e de prata, tinham praticamente saído de circulação, pois eram o objeto de uma tesaurização extremamente importante. No transcurso do século XIII, a retomada do comércio em larga escala com o Oriente, como consequência das cruzadas, provocou o reaparecimento das peças de prata e até mesmo de uma certa quantidade de peças de ouro. Estas últimas provinham sobretudo das trocas comerciais feitas com os países do norte da África ou com as nações muçulmanas do Oriente. É necessário salientar, todavia, que o ouro ainda era raro em relação às necessidades comerciais, de modo que foi necessário recorrer a uma série de meios diferentes para superar essa escassez.

Em primeiro lugar, frequentemente se recorreu à desvalorização, um processo que consistia em reduzir o teor de ouro das peças cunhadas, o que evidentemente lhes reduzia o valor. O segundo tipo de procedimento era recorrer ao crédito; ou se tratava de crédito propriamente dito, isto é, de adiantamentos ou empréstimos concedidos por um fornecedor ou por um banqueiro a seu cliente, ou se tratava de procedimentos de compensação ou emissão de letras de câmbio; em outras palavras, surgia a emissão de moeda escrita. Foi desse modo que os banqueiros italianos de Lucca, Gênova, Florença e Veneza, ou ainda a dinastia dos banqueiros Fugger, cuja sede ficava em Augsburg, ocuparam uma posição tão importante na expansão do grande comércio. Cada uma dessas casas bancárias ou comerciais dispunha de uma rede de correspondentes nas principais praças comerciais da Europa, condição imperativa da envergadura de suas operações.

As grandes descobertas marítimas reforçaram essa evolução. Aliás, em boa parte, tais descobertas foram com frequência motivadas pela esperança de descobrir ouro ou prata nas terras recentemente conquistadas. Essa expectativa demonstrou-se verdadeira sobretudo para os espanhóis:

somente na primeira metade do século XVI, eles importaram para a Europa, a partir das Antilhas e depois do México, do Peru e da Colômbia, uma centena de toneladas de ouro, às quais se vieram somar enormes quantidades de prata na segunda metade do século; a produção anual subiu a cerca de 200 toneladas a partir de 1580. Um pouco mais tarde, no decorrer do século XVII, o ouro do Brasil somou-se ao ouro e à prata importados para a Europa pelos espanhóis.

A partir da segunda metade do século XVI, o efeito dessas importações de metais preciosos para utilização em forma de unidades monetárias começou a se fazer sentir na Europa. Registrou-se efetivamente uma alta geral dos preços sem precedentes, o que deu origem às primeiras formulações da teoria quantitativa da moeda, como se assistiu em 1568, durante a controvérsia que opôs Jean Bodin a Monsieur de Malestroit. De maneira mais geral, a expansão monetária e bancária determinou a passagem para uma economia de caráter mundial em que as praças comerciais e financeiras se comunicavam entre si e em que a reputação dos operadores condicionava o crédito que lhes podia ser concedido. Foi assim que se afirmou, no transcurso dos séculos XVI e XVII, a preponderância de uma série de praças cuja hegemonia foi alternando-se sucessivamente: Veneza, Gênova, Sevilha, Barcelona, Lisboa, Antuérpia, Amsterdã e Londres, em uma tendência que traduzia de forma cada vez mais evidente a primazia dos oceanos em relação ao Mediterrâneo, que era um mar fechado. Por um lado, foi o desenvolvimento dos transportes marítimos que determinou essa evolução; por outro, foi o desenvolvimento *cumulativo* dos conhecimentos, das qualificações profissionais e dos capitais (que procedem necessariamente por acumulação) que provocou a emergência das grandes potências econômicas de cada época.

Observa-se que os principais traços distintivos do capitalismo já estão presentes a partir dessa época: o aumento cumulativo das riquezas, a racionalidade da condução dos negócios pela utilização das redes de comunicação, pela contabilidade, pelo refinamento das operações bancárias, pela atenção prestada a esse indicador do sucesso que é o lucro, além do novo espírito de aventura e também de independência em relação aos poderes centrais ou aos poderes locais. Resumindo, ocorreu uma verdadeira revolução comercial e financeira que se desenvolveu entre os séculos XII e XVIII, determinando o fim da Idade Média e o início dos tempos modernos. Ora, é no decorrer do século XVIII que o mundo vai ser transformado por um novo evento cujo significado só será plenamente percebido bem mais tarde: a *Revolução Industrial.*

A Revolução Industrial

Esta expressão designa o conjunto dos rápidos melhoramentos que beneficiaram as técnicas de produção nas manufaturas a partir do século XVIII, sobretudo de 1770 em diante. Ainda que Kuznets (1966) situe o início da Revolução Industrial em 1760, é preciso também reconhecer com Angus Maddison (1995) que ela não foi realmente perceptível em números e lucros senão a partir de 1820. Mais adiante, teremos espaço para descrever a importância quantitativa do fenômeno. Por enquanto, precisamos explicar sua natureza com maior precisão. David Landes (1998) propõe em sua definição três princípios característicos: 1) a substituição da habilidade e do esforço humano pelas máquinas; 2) a substituição das fontes de energia animais por fontes inanimadas; 3) a substituição das substâncias vegetais e animais por matérias-primas novas e mais abundantes, em particular matérias minerais e eventualmente artificiais.

Se nos dispusermos a recuar um pouco no tempo recordaremos que esse conjunto de eventos foi precedido por uma longa evolução, desenvolvida sobre muitos planos, e que essa evolução acabou por evidenciar todos os elementos constitutivos do capitalismo. A partir desse momento, compreenderemos por que os países europeus foram o palco da Revolução Industrial e por que, na Europa, alguns países europeus (Grã-Bretanha, França e Holanda) constituíram os motores dessa revolução, ao passo que outros (Espanha, Portugal) permaneceram à margem desse grande movimento.

A simples leitura das estatísticas, por mais imperfeitas que elas sejam, demonstra que o estágio pré-industrial já apresentava um certo progresso técnico (Maddison, 1995, p. 17). O Produto Interno Bruto mundial por habitantes (em dólares, 1990) passou de 565 em 1500 para 651 em 1820, mas atingiu 5.145 em 1992. De imediato se percebe que, entre 1820 e 1992, alguma coisa inteiramente nova foi produzida, a qual impulsionou a economia planetária para taxas de crescimento jamais conhecidas. O que determinou esse rápido avanço? E por que, durante o seu início, foi produzido em determinadas partes do globo e não em outras?

As causas da arrancada – No plano dos comportamentos, o espírito de independência e de responsabilidade pessoal desenvolveu-se como uma reação contra o poder real ou senhorial absolutista. Isso resultou não somente no incremento da vontade de independência e de autonomia dos burgueses livres, mas também na progressiva implementação de estruturas jurídicas adequadas: sistemas de direitos de propriedade, de firma livre de contratos, de tribunais de justiça preparados para proteger os cidadãos contra as arbitrariedades dos príncipes integrando os próprios príncipes ao estado de direito. Esse novo estado de coisas também supôs uma evolução da maneira de pensar dos cidadãos, levando-os a questionar uma grande parte das atitudes de submissão e de respeito até então vigentes em relação às autoridades e às verdades estabelecidas.

Dois fenômenos exerceram uma função primordial para o estabelecimento dessa nova visão social: a Reforma religiosa do século XVI e a revolução científica do século XVII. Numerosas são as obras (de Max Weber a Tawney) consagradas às relações entre a ética protestante e os comportamentos econômicos. Sem contestar a profundidade de certas análises, em particular as de Max Weber, seremos tentados a limitar o caráter geral de sua validade ao recordar o papel desempenhado, desde o final da Idade Média, por mercadores, banqueiros e navegantes italianos, espanhóis e portugueses. É necessário também levar em consideração a grande transformação intelectual provocada pelas grandes descobertas de terras desconhecidas e pela revolução copernicana na astronomia. Essas transformações tiveram como efeito direto a rejeição de dois fenômenos, posteriormente denominados ilusão eurocêntrica e ilusão geocêntrica.

Por outro lado, podemos constatar, do ponto de vista mais material da evolução das técnicas, que a Europa viu surgir, desde a Idade Média, além do progresso da agricultura, uma grande variedade de invenções que foram sendo combinadas e reforçadas mutuamente para esboçar os traços mais característicos da modernidade no sistema de produção (Gimpel, 1975). Um grande desenvolvimento garantiu a aplicação e difusão rápida dessas invenções, assim como permitiu sua utilização por um grande número de pessoas. Esse foi o caso dos moinhos de roda d'água, utilizados principalmente na indústria de fabricação do papel[6]; ou dos progressos da ciência ótica – úteis para a fabricação de lentes corretoras da visão ou de instrumentos destinados à observação. Foi ainda o caso da tipografia e dos instrumentos de medida de precisão (Landes, 1998, Capítulo 4). Todas essas invenções tiveram o efeito de tornar possível a produção em massa de artigos diversos e a definição de normas vantajosas para os fabricantes que se dispusessem a se conformar a elas.

A desigualdade das nações – Quanto à segunda questão: para saber por que esses desenvolvimentos foram produzidos em certos países ou em certas civilizações, e não em outros, mais uma vez é conveniente que nos situemos no século XVIII, quando os principais grupos de países

---

6. Algumas vezes denominada "Primeira Revolução Industrial" ou "Revolução Industrial da Idade Média". (N.T.)

(Europa Ocidental, Islã, Índia, China, Japão) encontravam-se em um nível econômico bastante comparável no que se refere ao produto *per capita*. Podemos também observar que alguns desses povos, particularmente os árabes e os chineses, já haviam criado ou descoberto há muito tempo alguns dos procedimentos, produtos ou métodos cuja conjunção determinou a Revolução Industrial na Europa. Como se explica, então, que esses povos tenham mais ou menos permanecido no mesmo ponto, enquanto a Europa Ocidental foi o palco de uma verdadeira mutação, não só em seus processos de produção, mas também na mentalidade e nas atitudes dos homens perante as relações sociais – homens confrontados com as tarefas materiais da vida cotidiana?

Certamente não podemos apresentar uma resposta precisa e rigorosa a essas indagações. Podemos, não obstante, fazer avançar algumas hipóteses. Se tomarmos o caso da China, que foi analisada de forma brilhante por Landes (1998), é notável constatar que ela esteve muito à frente dos europeus em setores importantes, como a fabricação de papel, a relojoaria, a tipografia, a invenção da pólvora, a construção naval e a própria navegação, porque encontramos pistas de utilização da bússola em documentos chineses que datam do século XII. Podemos então indagar por que a civilização chinesa deixou-se ultrapassar em todas essas áreas pela Europa. Para cada uma das áreas citadas, existe uma explicação possível.

De modo geral, decorre do estudo dessas inovações que sua produção tenha sido prejudicada entre os chineses por uma série de barreiras, decorrentes de uma administração imperial pesada e complexa e da ausência de um verdadeiro sistema de mercado e de direitos de propriedade. Por outro lado, a motivação que impulsionou os europeus a buscar no Oriente o que eles sabiam não poder encontrar em suas próprias terras esteve evidentemente ausente no caso da China. Acima de tudo, os chineses consideravam seu império como o centro do mundo e não experimentavam a menor curiosidade sobre o que se passasse no exterior. As condições para a estagnação econômica estavam, assim, reunidas.[7]

O caso do Islã não é menos instrutivo. Os árabes haviam dominado as ciências, a filosofia e a medicina entre os séculos VIII e XII. Após conquistarem a maior parte da Península Ibérica, haviam transformado seus territórios em regiões altamente civilizadas, e mesmo refinadas, onde se expandiam as artes, o comércio e as disciplinas do pensamento. Foram os árabes que, até o século XI, estabeleceram na Espanha trocas culturais muito ricas, ao ponto de permitirem aos cristãos retomar o contato com uma parte de sua herança grega. Tudo isso era mais do que prometedor, mas foi precisamente no decorrer do século XI que a capacidade criadora do Islã foi subitamente cerceada por fanáticos que assumiram o controle dos ensinamentos científicos e religiosos. Eles demonstravam a maior desconfiança, até rejeição, às contribuições culturais do Ocidente.

Foi esse encerramento em si mesmo que deu origem ao longo declínio econômico do mundo islâmico, o que nos permitirá observar que, para o Islã, como fora para a China, a recusa dos contatos com o mundo exterior foi a origem da estagnação dessas duas civilizações brilhantes. Ao contrário, foi o espírito de aventura e de abertura para o exterior que desencadeou na Europa uma expansão sem precedentes. Aliás, podemos observar que essa abertura já havia começado com o humanismo da Renascença, que deu oportunidade aos cristãos de retomar contato com as grandes criações literárias, filosóficas e artísticas da Antiguidade, apesar de tudo o que as separava das normas da Igreja.

---

7. Além do fato de que essas inovações eram consideradas pelos chineses mais como brinquedos ou curiosidades, enquanto os europeus levaram sua aplicação muito a sério. A pólvora, por exemplo, era dedicada à fabricação de fogos de artifício, um setor em que os chineses não perderam ainda a superioridade. Mais que marcadores do tempo, os mecanismos de relógio foram usados para animar brinquedos mecânicos. (N.T.)

É necessário acrescentar a essas considerações, sem dúvida, o fato de que foi essa época que assistiu à afirmação na Europa da separação entre o temporal e o espiritual, um fator eminentemente favorável ao espírito do livre exame e, em consequência, à expansão do pensamento filosófico e ao desenvolvimento do pensamento e das conquistas das ciências.

Podemos prosseguir nessa investigação e indagar por que motivo, no Ocidente cristão, aqueles países que haviam formado a ponta de lança das grandes descobertas marítimas – ou seja, Portugal e Espanha – deixaram-se distanciar posteriormente de países como a Inglaterra, a Holanda e até mesmo a França. Há uma tendência geral a considerar que essa relativa decadência dos países ibéricos deve-se ao fato de que, após descobrirem tantos tesouros nas terras novas, eles se contentaram em viver dessas rendas, sem as utilizarem para fins produtivos. Em suma, foi a ilusão mercantilista que os impulsionou a considerar esses tesouros como riquezas econômicas e que os levou a repousar sobre os louros conquistados.

As modalidades da Revolução Industrial – Para retornar à Revolução Industrial propriamente dita, vamos registrar aqui apenas as características principais desse fenômeno. Inicialmente, a sua amplidão: jamais se tinha visto a produtividade *per capita* aumentar em tais proporções. Por exemplo, em cinquenta anos, a produtividade nas fiações[8] multiplicou-se por um índice de vários milhares; no mesmo período, ela se multiplicou centenas de vezes nas tecelagens, na metalurgia, na fabricação de calçados. As inovações aconteceram acima de tudo nos setores energéticos. Em particular a utilização do carvão e logo depois a das máquinas a vapor colocaram à disposição das empresas uma potência de produção que ultrapassava tudo quanto havia sido registrado no passado.

---

8. Fábricas de fios para tecidos. (N.T.)

Nada disso fora planejado; as empresas simplesmente reagiam em função das solicitações do mercado e as interconexões foram aparecendo espontaneamente, em função das necessidades entre indústrias variadas, como a mecânica e a têxtil, a siderurgia e a mecânica, os transportes ferroviários e o desenvolvimento geral da indústria. O que se viu foi que, ao mesmo tempo em que um ramo econômico se desenvolvia, apareciam funis de estrangulamento; por exemplo, depois que as fiações se mecanizaram, as tecelagens não podiam mais absorver suas sobras de produção e foram forçadas também a inovar, a pôr em funcionamento teares mais modernos e velozes, também mecanizados e movidos por motores a vapor. Isto se tornou um traço geral da produção industrial: seus progressos passaram a ser *cumulativos*, efetuando-se por força de uma série de desequilíbrios compensados (Hirschman, 1958), de tal modo que as inovações surgiam em grandes conjuntos. Era a pressão da concorrência dos mercados que obrigava as empresas a se adaptarem às novas situações.

O papel crescente dos bancos – Como vimos nas fases precedentes, os bancos foram progressivamente aparecendo e tornando indispensáveis suas funções para o progresso dos negócios. Foram eles que permitiram concentrar e mobilizar os capitais necessários para as empresas, em particular no financiamento do grande comércio. Naturalmente, com a industrialização, os bancos encontram-se em situação de exercer um papel ainda mais ampliado no financiamento da indústria, ainda mais faminta de capitais do que o comércio marítimo. Desse modo, ao longo de todo o século XIX, são criados bancos de investimentos e bancos mercantis, cuja clientela é composta por empresas, depois, um pouco mais tarde, surgem as caixas econômicas, que transformam a poupança dos lares e dos funcionários das empresas em investimentos a longo prazo. Essa distinção entre tipos de bancos é mais ou menos rigorosa de acordo com os países em que são fundados.

A organização geral da produção – Desde o começo, a própria organização geral da produção é afetada por todas essas mudanças, porque os novos métodos de produção industrial encerram em boa parte as práticas de trabalho artesanal antes realizado domesticamente pela *cottage industry*. A instituição do salário, a concentração de mão de obra em grandes fábricas estende-se a ponto de se tornar o padrão das indústrias: isso se explica principalmente pela importância dos capitais exigidos para a montagem de uma empresa moderna, dotada de todos os novos aperfeiçoamentos técnicos, exigências que não mais se encontram ao alcance de uma família que trabalha em sua pequena oficina domiciliar. Isso também se explica pela disciplina que se requer doravante de um conjunto de operários, cujos esforços devem ser coordenados para se aproveitar ao máximo os benefícios da divisão do trabalho. Nesse ponto, a Revolução Industrial foi um fenômeno tipicamente capitalista e nenhuma outra forma de organização econômica poderia ser o palco dessa inovação.

Como o resultado de todas essas transformações, a sociedade como um todo foi transportada para um mundo novo. Marx escreveu, em seu *Manifesto comunista* (1848): "A burguesia, durante sua dominação de somente uma centena de anos, criou forças produtivas mais maciças e mais colossais do que o haviam feito todas as gerações precedentes tomadas em conjunto". Ao tentarmos caracterizar essas transformações, podemos observar inicialmente que a parte dos produtos manufaturados no consumo das famílias tornou-se mais importante a partir de então; a partir desse fato, a orientação da mão de obra para os diversos tipos de produção foi completamente modificada: no Reino Unido, apenas 12% da população ativa dedicava-se à agricultura em 1912 e esse número foi diminuindo ainda mais até se reduzir a 5% em 1951. A França já foi mais lenta em aceitar a industrialização: as percentagens de agricultores eram de 60% em 1789, 55% em 1866, 31% em 1951, 12,7% em 1972, e 5% em 1994.

Outro efeito da Revolução Industrial foi a transformação das condições de vida humana. A longo prazo, um número crescente de consumidores passou a ter acesso a bens que antigamente lhes eram inacessíveis, acabando por se beneficiar dos progressos técnicos. Entretanto, não se pode dissimular que a modificação da maneira de viver e das condições do trabalho que foram impostas de forma brutal às categorias sociais mais modestas agravaram de maneira frequentemente trágica as condições de existência de uma grande parte da população no início do processo da industrialização. Foi assim que surgiu a "questão social" durante o século XIX e que surgiram, amparadas pelos importantes movimentos sociais, as doutrinas socialistas, cujo efeito se prolonga até hoje.

Devemos, finalmente, levar em conta o fato de que a própria natureza dos movimentos econômicos gerais, do mesmo modo que os ritmos que determinavam a maneira como se desenrolavam, foi profundamente modificada. Antes da Revolução Industrial, as nações europeias eram essencialmente agrícolas; logo, todas as conjunturas sociais eram determinadas pelos períodos das atividades agrícolas e pelos contratempos que as prejudicavam. A partir de então, são os movimentos da indústria e do crédito que governam os ritmos da atividade econômica. Em todo o caso, tenhamos em mente o esboço histórico precedente: o nascimento e o desenvolvimento do capitalismo não teriam sido possíveis senão pela abertura comercial e cultural das regiões e das nações umas às outras, pela emancipação dos produtores em relação aos poderes locais, pela liberação dos espíritos do domínio das Igrejas e pela substituição das operações em moeda ao sistema de escambo e às trocas em espécie que antes predominavam. Esses diferentes aspectos influenciaram-se mutuamente; em suma, esse esboço histórico destina-se basicamente ao estudo dessas ligações.

Capítulo II
Os ritmos da atividade econômica

Contrastes entre os períodos

Se consideramos o desenvolvimento da atividade econômica entre 1820 e a época atual, torna-se evidente a constatação de que ele não foi uniforme, ou seja, não se expandiu em velocidade constante. Angus Maddison (1982, Capítulo 4; 1995, Capítulo 3) identificou cinco fases distintas, cada uma delas apresentando características específicas que a distinguem das demais. Pela ordem, são os períodos entre 1820-1870, 1870-1913, 1913-1950, 1950-1973 e 1973 até o presente. Essa periodização não foi projetada a partir de hipóteses teóricas, mas baseada unicamente no conteúdo histórico conhecido de cada uma dessas fases e das taxas de crescimento (de seu PIB e de seu PIB *per capita*) que as caracterizam. Maddison empregou um método empírico bastante semelhante ao adotado pelo Instituto Real Britânico de Estatísticas durante a década de 1940, sob a direção de Burns e Mitchell (1946) para identificar os ciclos de referência, isto é, os ciclos da atividade econômica geral. Observa-se imediatamente que essas fases tendem a diminuir, o que já levou muitos autores a se referirem à "aceleração da história". No que concerne à Europa Ocidental, as taxas médias anuais de crescimento do PIB real por habitante (em percentagens) foram de 1,0% para o período de 1820-1870; de 1,3% para 1870-1913; de 0,9% para 1913-1950; de 3,9% para 1950-1973; de 1,8% para 1973-1992; portanto, uma média de 1,8% para o conjunto do período 1820-1992.

Quanto às características históricas de cada uma dessas fases, pode-se notar que a fase I (1820-1870) corresponde à industrialização progressiva da zona considerada. Estamos assistindo à primeira manifestação da Revolução Industrial, aliada à liberação do comércio exterior. Pode-se observar também que o comércio exterior progrediu quatro vezes mais depressa do que o crescimento da produção mundial.

A fase II (1870-1913) foi relativamente calma, mas coincidiu com uma grande prosperidade, correspondente à difusão em caráter planetário dos progressos técnicos, à grande mobilização dos fatores de produção (capitais e mão de obra) e ao grande progresso nas áreas das comunicações e dos transportes. Também se deve observar que o regime dominante na maior parte desses países é o liberal, no sentido de que as leis de livre-comércio continuam a ser aplicadas e de que essas nações haviam adotado o padrão-ouro com um regime de câmbio fixo. Enfim, o mais importante, os governos praticamente não interferiam em questões econômicas; os gastos públicos (assim como, por consequência imediata, os impostos) eram bastante reduzidos nessa época, e o Estado contentava-se em exercer suas atribuições soberanas de manutenção da ordem, da defesa e da instrução pública.

A fase III (1913-1950) foi a mais trágica, por ter sido marcada por duas guerras mundiais, intermediadas por uma grande crise econômica. Praticamente se pode caracterizá-la como o contrapeso da fase precedente: o livre-comércio foi substituído pelo protecionismo, a economia liberal foi dominada pela economia de guerra e depois submetida à economia dirigida. Muitas nações europeias submeteram-se a regimes totalitários. Finalmente, a preparação para a Segunda Guerra Mundial mobilizou recursos que o emprego civil não mais conseguia investir. A guerra de 1939-1945 chegou, provocando não só um número enorme de vítimas e de destruições materiais maciças, como também uma redistribuição dos mapas econômicos, um processo que já vinha sendo anunciado desde a Primeira Guerra Mundial; essa redistribuição das riquezas e da potência econômica favoreceu sobretudo os Estados Unidos, cujo território fora poupado pela guerra, e que tinham investido na batalha todos os recursos de seu aparelho produtivo e de sua capacidade de inovação tecnológica, enquanto as nações europeias beligerantes saíram muito empobrecidas dessas duas conflagrações.

Foi a fase IV (1950-1973) que correspondeu à emergência do que Jean Fourastié denominou de os "Trinta Anos Gloriosos" (ela foi na verdade um pouco mais curta que o período histórico a que se referiu Fourastié), uma fase de recuperação que constituiu, para os países da Europa Ocidental, uma verdadeira idade de ouro da história econômica. Esse período é dominado pela energia desencadeada pelas necessidades da reconstrução após um conflito particularmente trágico, pelo início da Guerra Fria entre o Leste e o Oeste, e pela solidariedade entre as nações europeias ocidentais e os Estados Unidos, particularmente traduzida pelo Plano Marshall e pela boa-vontade manifestada por sucessivos governos americanos em assumir responsabilidades de caráter mundial, tanto em questões de defesa, quanto de ordem econômica.

Os Estados Unidos tomaram então a iniciativa de instalar dispositivos institucionais adequados ao favorecimento de uma economia de livre-comércio. Também apoiaram os países da Europa ocidental na constituição de zonas regionais de cooperação econômica; foi esse apoio que conduziu à criação da Comunidade Econômica Europeia. Instituições como o Fundo Monetário Internacional, o Banco Mundial, a Organização Europeia de Comércio Exterior e depois a Organização para a Cooperação e o Desenvolvimento Econômico exerceram uma função positiva nessa área. Também no decorrer desse período de recuperação econômica, os países que mais lucraram com as novas tendências foram os europeus ocidentais e os asiáticos; as taxas de crescimento de seus investimentos materiais e humanos, assim como a taxa de crescimento do comércio internacional (8,6% ao ano para a Europa ocidental), são a melhor prova disso.

Para a instalação desse processo, os Estados Unidos serviram de modelo, tanto em termos de investimentos e de progresso técnico quanto em termos de métodos de administração e de políticas econômicas. Por outro lado, esse período também assistiu à instauração de políticas de proteção social que foram frequentemente denominadas de "Estado assistencial" (*welfare state*) e, de forma mais geral, políticas de caráter global de inspiração keynesiana[9]. Assim, foram colocados em prática "estabilizadores automáticos" e políticas de estabilização conjuntural, a um ponto em que a noção de ciclos econômicos parecia ter-se tornado obsoleta, no sentido de que a partir de então flutuavam sozinhas as taxas de crescimento, incessantemente positivas. No decorrer dessa fase é que os governos foram seduzidos por um grande movimento de abertura das fronteiras econômicas, caracterizado pelo abandono progressivo de práticas como o controle do câmbio. Afirmou-se a tendência à convertibilidade geral das moedas entre os países ocidentais e os do Extremo Oriente. Em resumo, surgiu o mercado em grande escala que levou à mundialização da economia comercial.

A fase V (1973-1994) começou sob condições desfavoráveis, isto é, sob os dois choques econômicos petroleiros consecutivos à Guerra de Yom Kippur e à Revolução Islâmica no Irã (1973 e 1979). Esses choques determinaram uma mudança brutal no processo de crescimento, que se traduziu por uma grande alta inflacionária e pelo desemprego. Os países consumidores de petróleo subitamente viram suas faturas petroleiras pesarem muito mais, o que lhes causou grandes dificuldades de pagamentos exteriores, ao mesmo tempo que uma significativa elevação dos custos de produção. Nos países da Comunidade Econômica Europeia, a tarefa mais urgente tornou-se a estabilização dos preços. Para esse objetivo, o modelo – e, portanto, o ponto de ancoragem em relação ao qual os demais países definiram suas políticas monetárias – foi o *Deutsche Mark*: de fato, a política econômica da República Federal Alemã era considerada em toda

---

[9]. O economista inglês John Maynard Keynes (1883-1946) preconizava segundo os parâmetros do mercado livre, quais sejam, manter o esquema básico do capitalismo e uma forte intervenção do Estado, com os objetivos principais de garantir o pleno emprego e de manter o controle da inflação. (N.T.)

a Europa como um modelo de boa administração; a França, em particular, de quem a Alemanha era o principal parceiro econômico, esforçou-se para lhe seguir o exemplo. De fato, foi esse o princípio condutor de toda a sua política econômica a partir de 1983.

Essa nova política conjuntural, que representou inicialmente o abandono das políticas keynesianas, foi o prelúdio da unificação monetária definida em 1992 pelo Tratado de Maastricht. A decisão de ancorar o franco ao *Deutsche Mark* foi bastante criticada, particularmente após a reunificação da Alemanha (1989), porque os principais parceiros comerciais da antiga República Federal Alemã – a França entre eles, naturalmente – tiveram de suportar uma parte do fardo da reunificação sob a forma de uma revalorização de suas unidades monetárias e das dificuldades em matéria de emprego daí resultantes. Todavia, essa foi uma decisão política, destinada a consolidar o lugar da Alemanha no seio da Comunidade Europeia e a demonstrar que a França considerava seu comprometimento com a unidade econômica europeia como prioritário. A partir de 1992, aliás, a questão principal foi preparar a entrada de um país das dimensões da França na zona do euro.

A partir de então, os países capitalistas da Europa começaram a praticar uma política de estabilização dos preços, com a qual se haviam comprometido através da assinatura do Tratado de Maastricht (1992), por sua vez ampliado em nível orçamentário, em 1997, pelo Tratado de Amsterdã, que estabeleceu "um pacto de estabilidade e de crescimento". Uma moeda única, o euro, foi então adotada: onze países e logo a seguir doze começaram a pôr em prática as medidas necessárias para sua adoção em 1999, sendo o desaparecimento material efetivo de suas antigas moedas nacionais marcado para 2002. Um desemprego maciço continuou a assolar essa zona, poupando entretanto, até certo ponto, os países em que o mercado de trabalho funcionava com maior flexibilidade, como o Reino Unido e os países da Europa Setentrional. Contudo, os especialistas estão geralmente de acordo em considerar que a França, a Alemanha e os países da Europa Meridional passaram por esse período de desemprego principalmente em consequência de um forte componente estrutural.

Isso nos leva a descrever, se queremos explicar tais sucessões de fases, uma hipótese levantada por Kondratieff e desenvolvida por Schumpeter (1883-1950) no período entre as duas grandes guerras: a hipótese dos longos ciclos econômicos.

Ciclos e inovações: a hipótese dos longos ciclos econômicos

Em suas reflexões sobre os ciclos econômicos, Schumpeter havia, desde 1912, sugerido que a economia capitalista evoluía em função de desequilíbrios criados pelas inovações. O equilíbrio não pode corresponder senão ao funcionamento de uma economia estática. Ora, a característica mais constante das economias capitalistas é a de elas serem dinâmicas, isto é, de nunca permanecerem estacionárias por muito tempo; são as inovações que as desequilibram e que, ao mesmo tempo, as fazem progredir. Recordemos que a Revolução Industrial pode ser descrita como uma série de desequilíbrios corrigidos; segundo Schumpeter, as inovações devem ser financiadas antes que os empresários possam beneficiar-se de seus resultados. Esse financiamento é normalmente garantido pelo crédito empresarial concedido pelos bancos. Por sua vez, as inovações vão propagando seus efeitos através de todos os ramos da economia, engendrando-se umas às outras (Schumpeter afirma efetivamente que as inovações surgem em "constelações" ou "combinações"). É fácil conceber que, em todo esse processo, os riscos que se corre sejam importantes, porque nada é mais imprevisível do que os resultados de uma inovação, quanto menos as possibilidades de que tais resultados sejam positivos. É evidente que nem todas as operações executadas nesse clima poderão triunfar, e sempre chegará o momento em que as dívidas bancárias deverão ser pagas. Algumas empresas em débito não terão condições de atender de imediato a tais compromissos, as antecipações de resultados mudarão de sentido e ondas de pessimismo sucederão a ondas de otimismo, com o resultado de falências em cadeia, o que origina uma depressão econômica cujos efeitos se farão sentir em diversos setores da economia.

Em seu livro de 1939, *Business Cycles*, Schumpeter lança um olhar de longo alcance sobre o futuro. Ele realmente sustenta que a conjuntura, quando observada no transcurso de um longo período, demonstra uma combinação de três tipos de ciclos. Os ciclos que ele denomina de Kitchin[10] (em média com a duração de quarenta meses) correspondem a movimentos de estoques (formação alternada de estoques e de falta de mercadorias estocadas). Eles próprios contidos pelos ciclos Juglar (em homenagem ao economista francês Clément Juglar [1819-1905], que registrou sua existência pela primeira vez), justamente os que até então mais atraíam a atenção dos economistas. Esse segundo grupo de ciclos estende-se, em média, por uma dezena de anos e é geralmente atribuído às linhas de investimento produtivo, sendo que Schumpeter também se concentrou neles em seu livro de 1912. A ideia geralmente mantida pelos analistas de ciclos é a de que os investimentos sempre acabam por ultrapassar seus objetivos iniciais, de tal forma que uma ação corretiva torna-se inevitável, ainda mais quando se formam bolhas especulativas, caso em que as correções deverão ser ainda mais brutais. Em resumo, não há expansão sem excesso, e a evolução da economia capitalista é constantemente afetada por essas flutuações.

Finalmente, Schumpeter retomou a ideia apresentada inicialmente por um economista russo, Nikolay Kondratieff (1892-1931), que pensou ter identificado a presença de longas ondulações nas atividades econômicas, ou seja, ciclos de quarenta anos em média, dentro dos quais os ciclos Juglar estariam englobados. A ideia original de Schumpeter era a de que esses longos ciclos correspondiam às grandes inovações.

---

10. Em homenagem a William Walton Kitchin (1866-1924). (N.T.)

A inovação em geral – Schumpeter frequentemente emprega a expressão "novas combinações" – é considerada como uma característica inerente aos empresários. Schumpeter, sem dúvida, tinha uma visão bastante ampla e abrangente do que se deveria entender por "inovação": segundo ele, esse conceito poderia ser aplicado tanto a um novo procedimento quanto a um novo bem material; tanto a um bem imaterial quanto a um bem tangível. Não obstante, um pequeno número de inovações modificou a história econômica do mundo.

Schumpeter jamais demarcou com muita precisão as datas abrangidas por esses grandes eventos, ao menos no que se refere à datação dos grandes ciclos de Kondratieff. Ele aceitou de bom grado as sugestões de alguns de seus colegas, como Kuznets ou Redvers Opie. Em sua linha de análise (Valéry, 1999), ainda que isso tenha sido muitas vezes posto em discussão, podemos nomear os seguintes ciclos (do começo de sua fase de expansão até o final de sua fase descendente): o primeiro ciclo Kondratieff (1785-1845) corresponde à Primeira Revolução Industrial (ver Caron, 1985; Verley, 1997), marcada pela expansão da energia hidráulica, da indústria têxtil e da metalurgia do ferro. O segundo ciclo Kondratieff (1845-1900) corresponde à indústria movida pelo vapor, às estradas de ferro e à siderurgia do aço. O terceiro ciclo Kondratieff (1900-1950) abrange a eletricidade, a indústria química e o motor de combustão interna. O quarto ciclo (1950-1990) refere-se à indústria petroquímica, à eletrônica e à aviação. Frequentemente se considera que, a partir de 1990, iniciou um quinto ciclo Kondratieff, correspondente às redes de informações digitais, aos novos métodos de programação lógica e aos novos meios de comunicação em massa; esse ciclo terminaria – com o encerramento dessa tendência – por volta de 2020. Esses ciclos, todavia, são mais ilustrações do que períodos determinados e não devem ser levados muito ao pé da letra, porque não se baseiam em dados estatisticamente indubitáveis; no entanto, eles nos dão ordens de grandeza aceitáveis. De passagem, podemos citar um outro fenômeno, que já havia sido observado com referência às fases sucessivas de Maddison: os ciclos Kondratieff tendem a se encurtar à medida que se sucedem. O primeiro durou sessenta anos; os seguintes duraram, respectivamente, cinquenta e cinco, cinquenta, quarenta e trinta anos, fenômeno que se vem tentando designar como a "aceleração da História".

A aceleração da História – Caso tal fenômeno acelerativo realmente exista, ele pode ser explicado de três maneiras.

Em primeiro lugar, assistimos a uma espécie de efeito de aprendizagem: as empresas, e inclusive os consumidores, recebem mais informações a respeito do que significam as novidades e, portanto, demonstram-se mais dispostos a aceitá-las. Uma prova desse fenômeno seria a transformação das "velhas técnicas" em tecnologias mais dinâmicas.

Em segundo lugar, as inovações mais notáveis atualmente, as pertencentes ao "quinto Kondratieff", são inovações em rede (ver Caron, 1997) e referem-se às "novas tecnologias da informação e da comunicação" (geralmente indicadas pela sigla TICs); elas apresentam a tendência a se desenvolver de forma exponencial, abrangendo todos os setores da atividade econômica e provocando uma queda dos custos unitários através da economia de escala, o que é justamente a consequência natural dos efeitos em rede.[11] Esses rendimentos crescentes são o resultado natural dessa nova revolução tecnológica. Não resta dúvida de que se trata de uma nova Revolução Industrial: desde 1965, um dos fundadores da Intel, Gordon Moore, formulou uma previsão que foi posteriormente confirmada e que é agora conhecida como a "Lei de Moore", segundo a qual a capacidade de tratamento de

---

11. Basta um exemplo para ilustrar esse ponto: o interesse de recorrer à internet é cada vez maior à medida que mais pessoas a estão conectando. É o que alguns começaram a denominar de "efeito de clube". A Lei de Metcalfe enuncia que o valor de uma rede cresce aproximadamente em função do quadrado do número de seus usuários (Woodall, 2000). (N.A.)

dados de um circuito de sílica (*chip*) dobraria a cada dezoito meses. As atividades aqui envolvidas – telecomunicações, serviços a empresas, comércio eletrônico – constituem o que vem sendo frequentemente denominado de *new economy*.

Em terceiro lugar, devido ao fato de serem em boa parte de caráter imaterial, essas inovações propagam-se rapidamente, apesar das distâncias e para além das fronteiras; portanto, servem particularmente ao desenvolvimento da concorrência, e de uma concorrência doravante mundial. Em uma economia globalizada, as inovações não conhecem mais fronteiras. Elas essencialmente se traduzem em progressos da produtividade do trabalho, independente do setor de atividade envolvido. As novas técnicas permitem a um número crescente de pessoas de se pôr em contato com um número crescente de mercados, quer se trate de seus clientes ou de seus fornecedores, e de adquirir informações úteis a um preço cada vez mais reduzido. As tendências de que presentemente participamos demonstram todas as características de uma Revolução Industrial, no sentido de que afetam todos os setores, e não somente aqueles restritos à "nova economia"; elas se manifestam até mesmo nas empresas que ainda se conservam dentro dos limites da economia mais tradicional, na forma de uma redução dos custos de produção unitária, de uma aplicação de novos procedimentos e de novos métodos de organização, além da criação de novos produtos, isto é, de todos os fatores que havíamos observado durante a instalação das revoluções industriais precedentes.

Já faz algum tempo que se menciona o "paradoxo de Solow"[12], que declarou em 1995: "Os computadores estão em toda parte, salvo nas estatísticas da produtividade". Realmente, de 1980 a 1995, a produtividade nos Estados Unidos

---

12. Professor no Instituto de Tecnologia de Massachusetts e Prêmio Nobel de Economia. (N.A) [Robert Merton Solow nasceu em Nova York, em 1924, e é um teórico neoclássico que estudou particularmente os relacionamentos entre o crescimento e o progresso. Recebeu Prêmio Nobel de Economia de 1987. (N.T.)]

cresceu apenas na faixa de 1% ao ano. Entretanto, passou a crescer 2,6% a partir de 1995. A própria estrutura da população ativa foi afetada por esse fenômeno, já que ele provocou a formação de um número considerável de novos empregos no setor dos serviços.[13]

Considera-se geralmente que as empresas da nova economia podem ser classificadas em dois grupos: as empresas *B to B (business to business)*, cujos serviços dirigem-se a outras empresas, e as empresas *B to C (business to consumer)*, que se voltam para o público em geral. A difusão dos microcomputadores e do acesso à internet nos lares tende igualmente a modificar em profundidade os modos de consumo e até mesmo a maneira de viver, criando necessidades novas e originando a formação de novas empresas destinadas a satisfazê-las. Todavia, não podemos esquecer que, apesar dos "efeitos de rede", essas empresas não estão livres das leis econômicas comuns, que as forçam a obter uma margem de lucros positiva a fim de financiar seus próprios investimentos e atrair novos capitais.

É conveniente, portanto, agir com prudência ao determinar quais sejam a realidade e a natureza dessa nova "Revolução Industrial", porque nada é mais difícil para um observador do que analisar um fenômeno que se desenvolve diante de seus olhos e no qual ele mesmo toma parte. Ainda que a veracidade desse movimento venha a ser comprovada, ela pode levar muito tempo até produzir efeitos perceptíveis. Vamos recordar o fato bastante conhecido de que algumas das inovações mais importantes da história moderna, tais como as estradas de ferro ou a eletricidade, enfrentaram longos adiamentos em sua difusão pelo mundo e que as empresas que dedicaram seus recursos a essa expansão enfrentaram uma alta taxa de mortalidade na forma de falências. Digamos simplesmente que estamos assistindo à implantação de inovações técnicas muito importantes em todos os

---

13. Uma excelente análise desse processo pode ser encontrada em Daniel Cohen (1999). (N.A.)

ramos da economia. Portanto, não é inverossímil que estejamos no início de um novo ciclo de Kondratieff, mas não é conveniente que nos deixemos levar pelo entusiasmo: nem mesmo a fase ascendente de um Kondratieff está livre das flutuações cíclicas menores, algumas das quais são fatais às empresas e provocam um número relativamente grande de vítimas. Em particular, as empresas da nova economia estiveram sujeitas a bolhas especulativas que exigiram inevitavelmente movimentos de correção. Isso quer dizer que a teoria dos ciclos tradicionais (do tipo Juglar) continuará a ser um importante objeto de pesquisa, pois esses ciclos continuarão a dar o ritmo aos movimentos da atividade econômica.

A inovação e o monopólio – De passagem, vamos mencionar um ponto que merece ser salientado e sobre o qual o próprio Schumpeter havia chamado a atenção desde 1942, em seu livro *Capitalismo, socialismo e democracia*. As grandes inovações nascem no contexto da concorrência. Entretanto, nada seria mais desfavorável às inovações do que um regime de concorrência perfeita. A firma inovadora espera sempre, sendo a primeira na área, beneficiar-se de uma renda monopolizadora durante um espaço de tempo que procura prolongar ao máximo possível, com base nas vantagens que lhe garante a legislação das patentes em relação a seus concorrentes. Com efeito, ocorre que certas inovações, como nos mostra o exemplo da Microsoft, conferem à firma inovadora uma posição dominante sobre o mercado. Desse modo, a concorrência tenderia a destruir a si própria.

É justamente por isso que as autoridades que controlam o mercado demonstram atenção particular a esses fenômenos e se mantêm prontas para intervir em todos os casos do gênero. Em outras palavras, nos períodos de grandes e frequentes inovações, como este por que passamos atualmente, o emprego do tempo das diferentes instituições protetoras da concorrência é extremamente solicitado, conforme veremos no capítulo seguinte. No que se refere à "nova economia", observaremos que as firmas inovadoras certamente se esforçam para obter uma vantagem monopolizadora sobre suas rivais, o que não impede que suas inovações tenham a propriedade de intensificar a concorrência entre as firmas usuárias. Essa concorrência, todavia, não será uma concorrência perfeita; em função dos fenômenos de concentração, será de forma muito mais verossímil uma concorrência cujas características lembrarão as de um monopólio ou de um oligopólio.[14]

Notaremos que esses processos que acabamos de descrever em linhas gerais são característicos do capitalismo, a um ponto em que seria inconcebível que nascessem e se desenvolvessem em qualquer outro tipo de sistema econômico. De fato, eles são acompanhados de um efeito que Schumpeter (1942) denominou de "destruição criadora", uma espécie de tempestade econômica que acarreta o desaparecimento brutal e súbito de centenas de milhares de empregos, ao mesmo tempo em que provoca a criação de um número igual ou superior de novos empregos. Esse processo só pode ser posto em prática nos casos em que a economia apresenta um alto grau de flexibilidade, portanto uma capacidade de adaptação rápida, e em que as condições da concorrência são respeitadas, ao passo que não funcionaria nas economias do tipo soviético, cujas empresas estatais eram imortais. Reencontramos aqui as características que já havíamos destacado nas origens do capitalismo: autonomia das empresas, mercados de livre concorrência, flexibilidade e abertura para o comércio exterior. O corolário dessa observação é o de que os países mais bem colocados na concorrência mundial são justamente aqueles que apresentam em mais alto grau essas características.

---

14. Situação que ocorre quando um pequeno número de empresas ou de operadores financeiros controla a maior parte do mercado ou de um setor significativo dele. (N.T).

Entende-se por abertura ao exterior os fluxos que atravessam as fronteiras; eles se referem tanto ao comércio de mercadorias quanto aos serviços. De fato, os acordos do GATT[15], controlados a partir de sua assinatura pela ação da Organização Mundial do Comércio (OMC), conduziram a um desmantelamento das barreiras protetoras dos países mais industrializados. Os fluxos de capitais e de outras transferências monetárias aumentaram de tal maneira que as transações financeiras diárias (portanto, as operações sobre produtos derivados) representam hoje cerca de cinquenta vezes o valor das transações comerciais propriamente ditas, isto é, as transações diárias sobre serviços e mercadorias concretas. Deixemos de lado os fluxos migratórios, que constituem um caso particular. Permanecem os fluxos de informações, para os quais não mais existem nem espaço nem tempo, porque se distribuem a uma velocidade quase igual à da luz! A abertura para o exterior é notável em nossos dias pela invasão do cenário da economia mundial por dois gigantes: a China e a Índia. Esses países, chamados "emergentes", são algumas vezes designados pela sigla BRIC (Brasil, Rússia, Índia e China), um quarteto que, em breve, dará lugar à chegada de outros países, como a Turquia, a África do Sul e o México, e ainda outros que apontam no horizonte econômico, seja na Ásia, na América Latina ou na Europa Oriental. Não são mais países subdesenvolvidos, mas nações em franco progresso, que despendem grandes esforços na aquisição e no desenvolvimento da "economia de conhecimentos", quer se trate da formação de material humano, quer se trate da preparação de inovações futuras. Significa que estamos a ponto de assistir a fenômenos espetaculares de destruição criadora: os velhos países industriais, particularmente os da Europa, terão de fazer grandes esforços para se adaptar a essa concorrência. Sem dúvida, essa será uma grande oportunidade para o mundo inteiro, porque esses novos tigres

---

15. *General Agreement on Tariffs and Trade* ou Acordo Geral de Tarifas e Comércio. (N.T.)

econômicos[16] constituirão os principais motores do crescimento do planeta.

A função dos mercados financeiros – A abertura das economias umas às outras deu origem a um papel crescente dos mercados financeiros, ou seja, das bolsas de valores. Com efeito, daqui para frente, haverá um apelo cada vez maior aos mercados (pelo aumento de capitais ou pela emissão de ações), através dos quais as grandes firmas obtêm os fundos de que necessitam para financiar seus investimentos. Ocorre que todos os mercados financeiros são interconectados e têm a particularidade de ser muito mais voláteis do que os mercados de bens e de serviços. Na verdade, são mercados de opinião: dependem das previsões dos operadores sobre a evolução dos valores negociados, previsões que necessariamente demonstram uma fragilidade intrínseca. As opções e o abandono de opções efetuados pelos operadores sobre este ou aquele valor se fazem instantaneamente, à diferença das operações industriais, que gastam um bom período de tempo em sua preparação e implantação e que, uma vez realizadas, apresentam um certo caráter de irreversibilidade e, por conseguinte, de inércia. As transações nesses mercados são afetadas pelo comportamento imitativo dos operadores, um comportamento que explica a formação das bolhas financeiras e igualmente o seu esvaziamento. As economias de mercado adquirem uma volatilidade notável em função das razões expostas: elas apresentam flutuações muito rápidas, amplificadas pela interdependência internacional das economias. Isso foi perfeitamente sentido durante as crises econômicas de 1929, de 1987 e de 2001, bem como durante a crise das ações denominadas *subprimes*[17] ocorrida nos

---

16. Alusão aos tigres asiáticos. Criados basicamente por investimentos nipônicos, a um ponto em que chegaram a ser descritos como "o Japão com outras bandeiras", tiveram seu espantoso desenvolvimento freado pela crise da bolsa de Hong Kong. (N.T.)
17. Subpreferenciais. (N.T.)

Estados Unidos em 2007. Ela afetou rapidamente todas as praças financeiras do mundo e se tornou a origem da maior crise econômica que se conheceu desde 1929. Os efeitos desta crise, que se manifestou em toda a sua amplitude após a falência do Banco Lehman Brothers, em 15 de setembro de 2008, estão longe de se esgotarem. Em outubro de 2008, o mundo escapou por um triz de uma crise sistêmica e fatal, pois todas as operações de crédito estiveram ameaçadas de serem bloqueadas. Foi graças à iniciativa conjunta e salvadora dos ministros Gordon Brown, do Reino Unido, e Nicolas Sarkozy, da França, que o pior foi evitado. A criação do G20, um grupo econômico formado nessa ocasião pelo G8, com o acréscimo dos mais importantes dentre os países emergentes, e sua reunião em caráter de urgência em Washington, permitiu que se evitasse a catástrofe. O G20, de acordo com uma segunda reunião ocorrida em Londres, em abril de 2009, terá no futuro uma função permanente. À vista desta crise, vê-se que as novas técnicas financeiras revestem-se assim de duplo aspecto: aumentam consideravelmente as possibilidades de lucro para os operadores, mas acentuam a vulnerabilidade do sistema. Elas encorajam os operadores a assumirem riscos consideráveis ou até mesmo a incorrerem em delitos financeiros. Há um grande perigo de que ainda venhamos a assistir determinados casos em que as operações financeiras afastem-se da economia real. Nesse caso, foi a economia financeira que abalou o mundo. A partir daí, a crise da economia real tomou a frente; esta deverá seguir seu curso até o final, cuja data de término é impossível prever. Novas regulamentações financeiras serão indispensáveis para evitar nova ocorrência de desventuras semelhantes. Os ciclos econômicos são mais do que nunca afetados pelo fenômeno de financeirização da economia, justamente porque o espaço em que se manifestam tornou-se planetário.

Capítulo III

O CAPITALISMO E OS PODERES CONSTITUÍDOS

O esboço histórico anterior levou-nos a constatar que o capitalismo está estritamente ligado a uma certa estrutura de poderes na sociedade; o nascimento e o desenvolvimento desse sistema estiveram efetivamente ligados a uma modificação decisiva da natureza do poder político. Uma primeira abordagem nos incitaria a caracterizar essa estrutura de poderes como o surgimento de um conflito: de um lado, os detentores do poder econômico, ou seja, capitalistas e empresários, que detêm a propriedade dos instrumentos de produção; de outro, os operários, submetidos a seus empregadores no sistema dos relacionamentos salariais. Esse esquema, que corresponde substancialmente à visão de Marx, determina que o poder político em si desaparece diante do verdadeiro poder, aquele que é conferido pela riqueza e pela posse dos capitais.

Até certo ponto, pudemos constatar que a passagem da ordem feudal para o capitalismo consistiu na substituição dos poderes senhoriais pelo poder dos comerciantes. Contudo, nesse processo de emancipação, observamos que os burgueses com frequência se apoiaram no poder central – na França, por exemplo, no poder real – que também buscava afirmar-se às custas do poder dos grandes feudatários. Esse relacionamento foi certamente de vantagem mútua, porque o próprio poder real muitas vezes utilizou o apoio dos burgueses a fim de combater os vassalos mais turbulentos e ambiciosos. Não obstante, os mercadores não puderam libertar-se do jugo feudal e constituir seu próprio poderio senão substituindo prestações monetárias às antigas prestações em bens e trabalho a que tinham estado sujeitos. Em resumo, de certo modo, os burgueses compraram sua emancipação. Em outros termos, a monetarização da sociedade dependeu da emergência daquilo que Schumpeter (1918) denominou de *Steuerstaat* ou Estado fiscal.

Essa passagem para o Estado fiscal tornou-se necessária em função do custo crescente das operações militares e dos armamentos, um fenômeno já constatado anteriormente por ocasião das cruzadas; ela foi acompanhada por uma profunda redistribuição dos poderes políticos. Efetivamente, foram constituídas novas entidades políticas, agrupando as antigas senhorias em principados, grão-ducados, reinos e cidades-estados, todos se beneficiando de algum modo das economias de escala inerentes aos primeiros estágios da extensão do âmbito da soberania. Essas entidades passaram a viver de suas receitas fiscais e começaram naturalmente a exercer as funções da realeza indispensáveis à própria existência das economias de mercado. De fato, é o exercício dessas funções da realeza que constitui o fundamento da legitimidade das instituições políticas.

Recordemos que os poderes políticos locais se haviam instalado originalmente para remediar a insegurança geral resultante da queda do Império Romano. Os poderes políticos tinham, portanto, a missão primordial de restabelecer a segurança das pessoas e dos bens, ou seja, a função de restaurar a *ordem pública* sobre os territórios que dependiam de sua autoridade, constituindo assim espaços econômicos homogêneos. Vamos examinar mais de perto em que constituíam essas funções da realeza. Assim, estaremos em melhor posição para explorar as implicações econômicas e políticas do sistema de economia de mercado que se instalou a partir desse período.

As funções da realeza

As funções da realeza consistiam sobretudo em assegurar aos indivíduos a segurança de suas vidas e de seus bens ao protegê-los da violência a que poderiam ser submetidos. Foi esse o fundamento da ordem feudal, que permanece até hoje como o fundamento de toda sociedade política. Essa violência pode surgir de fontes internas ou externas. Os perigos internos compreendem a ação descontrolada de salteadores ou de assassinos, que agem isoladamente ou em bandos. Os perigos externos abrangem os riscos corridos pelas populações diante das invasões, das agressões de bárbaros ou de exércitos estrangeiros. A proteção das populações implica, portanto, a presença de forças armadas destinadas a lhes assegurar a defesa; implica também a existência de uma força policial e de uma magistratura judicial para garantir a ordem interna, muito especialmente, para proteger as estradas e outras vias de comunicação.

Max Weber caracterizou a potência política como a detentora do "monopólio da violência legítima", e era precisamente para financiar esse monopólio que ela cobrava impostos, dízimas e taxas. A essas atribuições da potência pública somava-se o poder de "cunhar moeda": de fato, em uma sociedade monetarizada em que as transações não se realizavam mais em forma de escambo de produtos naturais e em que a contribuição necessária ao financiamento das funções da realeza se efetuava em moeda, era necessário que uma autoridade pública assumisse a garantia da qualidade das espécies metálicas contidas nas moedas em circulação, ao passo que a emissão ou o emprego de moeda falsa eram considerados como atividades criminosas. Desse modo, o poder monetário era parte integrante dos atributos da soberania. Ainda hoje, qualquer que seja a situação do Banco Central de uma nação, mais ou menos independente em relação ao Estado, sua missão primária é a de garantir o valor interno da moeda, ou seja, a estabilidade dos preços.[18]

Surge então uma nova pergunta: como proteger os súditos contra o abuso de poder e contra a arbitrariedade que poderia ser exercida em caso de desentendimento com a potência pública? Esse problema, um dos mais antigos da

---

18. No atual esquema da União Europeia, que no plano monetário é efetivamente uma estrutura federal, é o Banco Central Europeu (BCE) que exerce essa função. (N.A.)

filosofia política[19], leva-nos a examinar a natureza do *estado de direito*.

O estado de direito

Essa expressão designa uma situação em que, constitucionalmente, o próprio poder executivo, isto é, o Estado, tem o dever de respeitar as regras que constituem o *direito*. Essas regras definem a abrangência e os limites dos poderes respectivos das pessoas jurídicas e das pessoas físicas; em resumo, são as regras do jogo que devem servir como arcabouço para o conjunto dos relacionamentos sociais. Elas devem ser públicas, ou seja, claramente levadas ao conhecimento de todos. Trata-se, portanto, de um sistema de informações em que cada um sabe de antemão qual será o posicionamento assumido pelo poder público em determinada circunstância. Nesse sentido, uma primeira causa de arbitrariedade é eliminada.

Essas mesmas regras devem garantir aos cidadãos a liberdade de dispor de seus bens e o poder de realizar as transações que lhes pareçam necessárias para a condução de sua vida e de tomar as decisões que julguem oportunas. É claro que tais regras refletem as concepções morais ou religiosas que caracterizam determinada sociedade em dado momento de sua evolução. O que é importante aqui é que elas se imponham a todos, que demonstrem uma certa estabilidade e que deixem a cada um a liberdade de conduzir sua própria vida como melhor lhe parecer, desde que respeite os valores fundamentais da cidade.

Vemos assim o aparecimento de duas das características fundamentais da regra de direito: a transparência, graças ao caráter público da lei, e a "subsidiaridade". Esse último ponto significa que o Estado não tem o direito de regulamentar todos os aspectos da vida humana e que só deve intervir

---

19. Podemos recordar o antigo adágio romano: *Quis custodiet ipsos custodes?* (Quem supervisionará as ações dos próprios guardiães?) (N.A.)

nos domínios em que ele é o único que tem condições de reger, isto é, apenas na realização das funções da realeza. Quanto aos demais setores, a liberdade dos indivíduos está assegurada pela instituição dos direitos de propriedade, não somente sobre os bens de consumo, mas sobre os bens de produção (terras, matérias primas, equipamentos, capitais de toda espécie).[20] Essa liberdade é ainda garantida pela liberdade dos contratos, cuja natureza e cuja aplicação são definidas e asseguradas pela lei, pela magistratura e pela polícia. A evolução do direito, além disso, foi progressivamente estendendo o campo de sua aplicação. Logo se passou a admitir que aqueles membros mais fracos da sociedade devem ser protegidos contra as arbitrariedades de que poderiam ser vítimas por ação dos mais fortes. Foi assim que nasceu e se desenvolveu todo o direito trabalhista no decorrer dos séculos XIX e XX, muito particularmente consagrando e legalizando as instituições sindicais.

Vemos assim se esboçar o arcabouço jurídico do direito público e do direito privado necessário à própria existência dos mercados. Se esse arcabouço não existisse, a incerteza seria tanta, que os responsáveis pelas decisões jurídicas estariam paralisados e seriam incapazes de interferir em operações que incluíssem relações múltiplas ou que pusessem em questão decisões cujas consequências se estenderiam a médio e longo prazo. Em outras palavras, em tais casos, a própria noção da economia de mercado perderia todo o sentido.

Nossa reflexão, entretanto, não pode parar nesse ponto, pois até aqui a única coisa que fizemos foi chamar a atenção para a necessidade das funções da realeza e recordar que o próprio Estado encontra-se submetido ao conjunto das leis a fim de impedi-lo de exercer sobre a sociedade um poder arbitrário. O que nos há de garantir, contudo, que as próprias leis sejam promulgadas de acordo com as necessidades da

---

20. Recordemos que o Preâmbulo da Constituição Francesa, que enuncia os direitos do homem e do cidadão, declara que a propriedade é "um direito inviolável e sagrado". (N.A.)

sociedade, isto é, que não sejam nem bárbaras, nem absurdas? É aqui que vemos surgir a noção da *democracia* que caracteriza as sociedades modernas.

A democracia na cidade

Se pretendermos definir democracia, conforme a etimologia da palavra, como um regime político que garante o poder do povo, ainda assim teremos de definir a natureza desse poder. Ele consiste na capacidade que terão os povos governados de exercer um certo controle sobre os governantes. A ciência política já nos habituou a distinguir entre a democracia direta e a democracia representativa. A democracia direta é exercida essencialmente por meio de consultas referendárias ou plebiscitárias nos países em que tais instituições são previstas. Todavia, é sobretudo a democracia *representativa* que caracteriza a quase totalidade das democracias modernas: o que os cidadãos fazem é eleger seus representantes para algum tipo de Parlamento. O princípio de seu funcionamento repousa sobre a ideia de que a responsabilidade de um governo pode ser contestada pelas assembleias parlamentares que representam os cidadãos[21], sendo os próprios parlamentares periodicamente submetidos ao sufrágio dos eleitores. Os membros de um Parlamento exercem não só um poder de proposição, mas também um poder de controle sobre a ação ou os projetos do governo, uma vez que podem aceitar ou rejeitar as propostas que lhes sejam submetidas por esse governo ou inclusive aprovar justamente o seu oposto. Recordemos por fim que, desde a sua origem, o parlamento tinha por função votar o orçamento, de tal modo que o controle que exercia sobre o governo não era apenas político, mas também financeiro.

---

21. No caso de um regime republicano, diferentemente de uma monarquia constitucional hereditária, o próprio chefe do Estado é eleito mediante sufrágio universal, tanto direto quanto indireto. Desse modo, ele se vê periodicamente submetido à escolha do corpo eleitoral. (N.A.)

Verificamos, portanto, duas exigências criadas por esse sistema político: o princípio da responsabilidade e o princípio da transparência. O governo é responsável pelos atos que pratica e deve justificá-los perante o Parlamento, portanto perante os eleitores, podendo a qualquer momento ser chamado a prestar contas de sua administração.[22] No que se refere ao princípio da transparência, este determina que o governo deva fornecer ao Parlamento todas as informações necessárias para o exercício efetivo desse controle e que as próprias deliberações parlamentares sejam realizadas publicamente. Se acrescentamos a essas considerações a existência de um poder judiciário independente e destinado a garantir a aplicação imparcial das leis e ainda a conformidade dessas leis à lei maior determinada pela Constituição, vemos que a democracia é constituída por um sistema de pesos e de contrapesos (*checks and balances*), cujo conjunto presume-se ser capaz de proteger os cidadãos contra um poder incontrolado e, por conseguinte, arbitrário. A lógica desse sistema foi expressa por John Locke, em 1690, e depois por Montesquieu, em 1748, pelo princípio da separação dos poderes.

Capitalismo e democracia – A importância dessas considerações para o nosso propósito prende-se ao fato de que os princípios da democracia, tais como acabaram de ser definidos, são os próprios parâmetros que se impõem a todos os operadores *econômicos*, sem os quais nenhuma economia de mercado poderia funcionar. Foi efetivamente a democracia que estabeleceu para os mercados as regras do jogo estáveis e públicas. Os operadores, quer se trate de indivíduos ou de empresas, tornam-se responsáveis no sentido de que devem respeitar as cláusulas dos contratos que assinaram e as restrições orçamentárias a que estão submetidos; caso não o façam, arriscam-se a sofrer sanções judiciais, falência ou perda de sua independência. Finalmente, devemos salientar

---

22. O termo inglês *accountability* traduz bem essa ideia. (N.A.)

que o próprio conceito da concorrência implica a transparência, isto é, a transmissão de informações tão rápidas e completas quanto possível. Se observarmos que a lei da oferta e da procura é consubstancial ao capitalismo, deveremos reconhecer que o capitalismo é justamente constituído por um conjunto de poderes e de contrapoderes. Em resumo, espera-se que a economia de mercado funcione segundo os próprios princípios que fundamentam a democracia política, embora os laços existentes entre a democracia e o capitalismo não se limitem apenas a isso.

Podemos observar que, de fato, ao conceito de soberania do povo corresponde, na ordem econômica, o conceito da soberania do consumidor: em última análise, um bem ou um serviço não poderá ser negociado no mercado, ou seja, não poderá continuar a ser produzido, a não ser que corresponda às necessidades demonstradas pelos consumidores. Assim, se os sistemas da democracia política têm o dever de garantir a proteção dos cidadãos contra qualquer forma de ditadura, constatamos de maneira análoga que a economia de mercado é responsável por proteger os consumidores e as empresas contra a ditadura econômica configurada pelo monopólio. O direito à livre concorrência, tanto nacional quanto internacional, tem precisamente a função de assegurar essa proteção. Lembremos, por exemplo, que organizações como a Comissão Federal de Comércio dos Estados Unidos ou o Conselho da Livre Concorrência na França, assim como a Direção Geral da Livre Concorrência no seio da Comissão Europeia, têm por missão impedir os "abusos da posição dominante", assim como os acordos concluídos entre empresas ou ainda as intervenções governamentais abusivas, sob a forma de subvenções, por exemplo, todas práticas que poderiam falsificar as regras do jogo da livre concorrência. A própria Organização Mundial do Comércio (OMC) tem por objetivo estender essa política do mercado livre de modo a abranger a escala planetária.

A aproximação entre a noção de democracia e o sistema capitalista pode ser levada ainda mais longe, uma vez que nossa análise pode estender-se até o funcionamento interno das empresas.

A governança da empresa

Essa expressão, derivada do inglês *corporate governance* – que, em outras palavras, significa o governo das empresas de sociedade anônima –, constitui um tema discutido com muita frequência no estudo do comportamento e da estrutura das empresas contemporâneas. Ela designa as relações que se estabelecem entre as sociedades cotadas nas bolsas e seus acionistas, e até mesmo com os mercados financeiros tomados em seu conjunto.[23] O emprego do termo "governança" não é arbitrário, porque implica uma aproximação explicitamente desejada entre as práticas em uso nas sociedades por ações e as práticas políticas que predominam nas democracias parlamentares.[24] Quais são mesmo as características evocadas com maior frequência para enunciar os princípios da boa governança? São a transparência, a responsabilidade e a facilidade de leitura dos procedimentos de decisão. Em relação a esse último ponto, o ideal de que nos deveríamos aproximar seria o seguinte: "um acionista – um dividendo – uma voz".

Esses princípios tendem a se transformar em regras práticas quando tratamos de empresas abertas para o exterior e colocadas sob o controle dos grandes mercados financeiros. A Bolsa de Valores de Nova York exerce uma função particularmente importante nesse assunto, de sorte que foram as normas de gestão e de informação financeira norte-americanas que praticamente se impuseram a todas as grandes empresas,

---

23. A partir daqui, continuaremos a utilizar o neologismo "governança" em vez do termo "governo", reservando esse último para os domínios político e constitucional. Vamos ainda acrescentar que, em diversos países, a noção de "boa governança" vem estendendo-se para abranger as relações entre os assalariados, principalmente os que estão sindicalizados, e as direções empresariais. (N.A.)
24. Conforme P. Nothomb e J.-N. Caprasse (1998). (N.A.)

qualquer que seja a sua nacionalidade. Nessa perspectiva, a responsabilidade dos dirigentes é exercida de forma permanente, a qualidade das informações liberadas aos acionistas é supervisionada atentamente e comentada pelos analistas financeiros. Enfim, existe um esforço constante para assegurar um tratamento equitativo aos acionistas minoritários mediante uma série de procedimentos de proteção como as OPA e as OPE.[25]

Esse fenômeno tornou-se geral, no sentido de que influencia todas as empresas de capital aberto em todos os países da Europa Ocidental.[26] Ele está ligado a uma profunda modificação dos modos de financiamento das empresas: elas ultrapassaram os empréstimos bancários e adotaram o financiamento obtido através da disponibilização de suas ações nas bolsas, de tal modo que a titulação aberta das grandes empresas substituiu o recurso aos créditos bancários. É pelo aumento de seu capital mediante a emissão de ações que uma empresa de certo porte pode fazer crescer seus próprios fundos. Isso implica que ela se coloque permanentemente sob o julgamento das principais instituições financeiras (bancos, companhias seguradoras, empresas de análises financeiras); é um verdadeiro exame realizado pelos mercados financeiros ao qual as empresas devem submeter-se em cada estágio de seu crescimento, ao mesmo tempo em que esses mercados financeiros adquiriram caráter mundial.[27]

---

25. OPA: ofertas públicas de aquisição de ações. OPE: ofertas públicas para trocas de ações. (N.T.)

26. As empresas francesas ainda estão atrasadas quanto aos sistemas de gestão em relação a suas correspondentes americanas e britânicas, mas a concorrência mundial em que se veem colocadas as obrigará necessariamente a adotar essas regras. (N.A.)

27. Quase 50% das ações cotadas na Bolsa de Paris, na CAC 40, encontram-se em posse de investidores estrangeiros. (N.A.) [CAC 40 (Cotação Assistida Continuamente) é a tradução do inglês *Continuous Assisted Quotation* e consiste em um sistema automatizado da Bolsa de Paris para a medida da capitalização dos 40 títulos considerados os mais importantes no mercado de ações em virtude de sua presente valorização. (N.T.)]

A partir desse momento, é compreensível que a aprovação dos mercados financeiros seja de importância vital para as empresas, em primeiro lugar para as empresas em que parte dos assentos do conselho administrativo é ocupada por representantes de grupos financeiros ou de acionistas. Esses grupos, muitas vezes estrangeiros, já que a globalização está em plena expansão, podem demitir e substituir as diretorias atuais caso os resultados das políticas econômicas adotadas não os satisfaçam. Em segundo lugar, a insatisfação dos mercados pode traduzir-se muito brutalmente pela queda das cotações na bolsa de uma ou de mais empresas; esse seria um evento bastante grave, porque os acionistas teriam os motivos necessários e suficientes para exigir uma prestação de contas, além do fato de que é principalmente através da oferta e da troca de ações que as grandes sociedades realizam suas aquisições ou fusões por meio das grandes operações que caracterizam os mercados mundiais; assistir à depreciação de seus títulos equivaleria, portanto, a uma séria redução de sua capacidade de manobra.

Observemos que essa evolução é relativamente nova na Europa. As empresas organizadas como sociedades anônimas haviam adquirido o hábito de praticamente escapar do controle efetivo dos pequenos acionistas por meio de mil procedimentos e artifícios, que iam do imbróglio dos conselhos administrativos, nos quais se encontravam muitas vezes as mesmas pessoas que se cooptavam mutuamente e que na maior parte das vezes se contentavam em fazer de conta nas reuniões, até a emissão de ações preferenciais cuja atribuição obedecia a regras misteriosas e desconhecidas do público em geral. Não foi sem razão que John Kennedy Galbraith, em 1967, sublinhou a função exercida pelas *tecnoestruturas* na direção dos maiores grupos industriais e financeiros. A primazia dos mercados financeiros, em particular a ditadura dos acionistas, tende a substituir a das tecnoestruturas, com o perigo de que as empresas passem a dar atenção excessiva à obtenção de lucros a curto prazo em detrimento de seus compromissos de longa duração.

Não nos enganemos: as observações que acabamos de apresentar não significam em absoluto que a arena econômica seja um modelo de democracia e que as operações econômicas e financeiras sejam paradigmas de virtude. Os meios financeiros não são povoados por moralistas, não mais do que os ambientes políticos, como têm demonstrado os mais recentes escândalos (Enron, Andersen, Crédit Lyonnais, Vivendi e Elf, entre outros) que encheram as páginas dos jornais em mercados financeiros tão importantes como Nova York ou Paris.[28] Não é por acaso que a preocupação com a ética no comportamento dos dirigentes de empresas e de instituições financeiras de diferentes locais seja evocada cada vez com maior frequência. Nossa análise quer simplesmente dizer que existe um parentesco de inspiração, e até mesmo de natureza, entre os princípios da economia de mercado e os princípios da democracia política. Esse parentesco tem sido ressaltado há bastante tempo, principalmente por Hayek (1944), e funciona nos dois sentidos: do mesmo modo que uma economia de mercado acabaria por tornar-se incompatível a longo prazo com um sistema político totalitário, uma economia centralizada conduziria ao desaparecimento da democracia política.[29] Na verdade, essa ligação é tão estreita que uma certa ética econômica, embasada na confiança derivada do respeito aos compromissos assumidos, deve ser observada por todos os agentes, porque na falta dela o sistema nem sequer poderia funcionar. Podemos observar ainda que mesmo as mais antigas democracias políticas não são isentas de desvios e nem sequer da instalação de atitudes mais torpes, como a corrupção. O importante é que esses

---

28. Ver Parick Artus e Marie-Paule Virard (2005); Élie Cohen (2005). (N.A.)
29. É certo que vimos ditaduras se estabelecerem em países capitalistas, sem que por isso a economia de mercado fosse abolida, sendo o caso mais impressionante o da Alemanha nacional-socialista. Entretanto, deve-se notar que esse regime durou apenas doze anos, metade deles em economia de guerra, o que tenderia a confirmar seu caráter excepcional. (N.A.)

erros conservem seu caráter excepcional, que sejam sempre considerados como delitos e que os sistemas de controle e de sanção sejam eficazes, o que, aliás, é muito difícil de realizar.

Na verdade, esse é um problema muito mais difícil do que se poderia imaginar. Isso foi claramente demonstrado por ocasião do esvaziamento da bolha financeira que ocorreu em 2001. Foi então que se pôde constatar que algumas grandes sociedades ocidentais haviam cometido graves irregularidades, tanto em seus balanços quanto em seus métodos de comunicação de dados financeiros. Tornou-se visível que os conselhos administrativos não executavam as funções presumidas como seu dever e que seus membros não haviam demonstrado o zelo e a vigilância necessários para o exercício de seus mandatos. Tanto os seus conselhos fiscais quanto as firmas de auditoria privada, por vezes até mesmo os fiscais das agências governamentais, foram descobertos em situações nas quais sua independência poderia ser posta em discussão. Foram identificados casos de conflitos de interesses, que faziam recair suspeitas de conivência sobre os dirigentes envolvidos. Até mesmo os modos e os montantes das remunerações dos principais diretores, algumas vezes exorbitantes ou evoluindo (para aumento) em sentido inverso ao dos resultados obtidos pelas empresas, foram objeto de críticas violentas. Isso serve para explicar que, tanto nos Estados Unidos quanto na França, importantes reformas estejam sendo realizadas para sanear o funcionamento dos mercados financeiros e de algum modo restabelecer o clima de confiança que é indispensável para o funcionamento do sistema. Todo o sistema dos controles internos das empresas e dos mercados deve ser submetido a esse saneamento indispensável, assim como todo o sistema de ética empresarial deve ser reformulado para readquirir as condições de honorabilidade. Acreditou-se por um tempo demasiado longo que a ética e a honra empresariais seriam mantidas por si mesmas.

As exigências de transparência, de equilíbrio dos poderes e de submissão às leis devem, portanto, aplicar-se ao mundo econômico, do mesmo modo que ao mundo político. Mais uma vez se encontra ressaltada a estreita relação que existe entre a democracia e o capitalismo.

Essa relação não é absolutamente mecânica. Os dois gigantes que acabaram de aparecer no cenário econômico mundial durante os dez últimos anos foram a China e a Índia. Esses dois países adotaram sem hesitação as principais regras da economia de mercado. Ainda que a Índia seja incontestavelmente uma democracia, a China conserva a originalidade de ser governada por um partido único. É bastante provável que ocorram importantes modificações políticas em seu meio, mais cedo ou mais tarde, as quais alterarão profundamente essa situação excepcional e, pouco a pouco, aproximarão o sistema político da China daquele da maioria dos países que adotam a economia de mercado.

Capítulo IV

O ESTADO E A ECONOMIA DE MERCADO

Acabamos de ver que nenhuma economia de mercado pode dispensar a presença permanente de um Estado para controlar a atividade dos homens e instituir relacionamentos civilizados entre as pessoas. É assim que funciona, mesmo além dos imperativos econômicos, por razões que se originam nos próprios alicerces das sociedades políticas, já que o mercado, por questão de princípio, está sujeito ao domínio das regras do direito, ou seja, das leis vigentes. Todavia, para estabelecer parâmetros de leitura, será útil identificar e classificar as diferentes funções que o Estado deve exercer no âmbito da economia, quaisquer que sejam as variantes de sua ação. Na realidade, os países capitalistas nem de longe funcionam de maneira idêntica. A intervenção do Estado sobre eles se exerce de modos diversos, cuja natureza e cuja intensidade variam de acordo com particularidades correspondentes à história de cada país. Uma observação atenta demonstra que não se encontram nunca formas puras do socialismo e do capitalismo: esses dois termos apenas designam os dois extremos de um vasto espectro. Desse modo, é indispensável que possamos classificar os processos de intervenção empregados por diferentes países.

As funções econômicas do Estado[30]

O economista norte-americano Richard Musgrave (1979) distinguiu três funções econômicas essenciais do Estado no sistema capitalista: a função alocativa, a função redistributiva e a função estabilizadora. Nós as abordaremos

---

30. Pode-se consultar Jean-Marc Daniel (2008), que tem uma obra muito útil para o estudo de todas as questões de política econômica. (N.A.)

brevemente, não sem examinar as dificuldades provocadas por essa ação do Estado. Essas dificuldades se prendem ao fato de que como toda atividade, a do Estado tem um custo. Essa atividade é exercida principalmente nos setores não comerciais; mas não podemos jamais esquecer que são as empresas, ou seja, o setor comercial, que criam os meios de vida para o restante da economia, uma vez que são os bens e os serviços por elas produzidos que constituem, em última análise, a substância do consumo humano. Mesmo as transferências sociais provêm da produção das empresas. É preciso, então, que o Estado tenha consciência de seus gastos a fim de controlá-los e não impor cargas excessivas sobre esse setor do qual provêm todas as riquezas.

A função alocativa

Essa expressão designa a atividade estatal que influencia a distribuição dos recursos produtivos, ou seja, quando o Estado se encarrega de assumir as tarefas de produção. Em que consiste a produção do Estado? A teoria econômica nos ensina que se trata da produção dos bens públicos: entende-se por esse termo os bens cuja propriedade é indivisível, que não podem ser apropriados pelos indivíduos; eles são fornecidos a todos ou a ninguém, do que decorre que seus consumidores (ou usuários) não se encontram em situação de rivalidade e que não se pode proibir o acesso a tais bens a ninguém (princípio da não exclusão). Os exemplos clássicos são os da defesa nacional, dos faróis marítimos ou ainda o da segurança pública. Podemos acrescentar a eles as atividades de educação e de saúde, esclarecendo, porém, que nesses setores a função do Estado pode limitar-se a garantir seu financiamento no todo ou em parte.

As dificuldades apresentam-se, entretanto, quando certos bens públicos são afetados por fenômenos de obstrução. É o caso, por exemplo, da utilização de certas vias de comunicação ou de certas "obras de arte" rodoviárias: com frequência, o governo é levado a cobrar um pedágio ou, mais geralmente, um imposto sobre a sua utilização. Tais bens públicos não podem ser criados por pessoas particulares, porque ninguém disporia dos meios financeiros necessários ao seu financiamento: um produtor privado não poderia, na realidade, recuperar o seu investimento através da venda do serviço aos usuários mediante um preço que pudesse ser determinado pela lei da oferta e da procura.[31] Isso significa que estamos trabalhando com serviços que não têm caráter comercial. Seu financiamento só pode ser coletivo, e a contribuição de cada um é unicamente de natureza fiscal sob a forma de impostos. Esse financiamento coercitivo é tanto mais inevitável pois, sem ele, teremos de enfrentar o problema do "viajante sem passagem"[32], isto é, as pessoas que se beneficiam da utilização de um serviço para cuja criação e cujo funcionamento não contribuíram (como um caroneiro ou um fraudador).

De um modo mais geral, as tarefas alocadoras do Estado são habitualmente justificadas pela tomada em consideração das "falhas do mercado", expressão pela qual se entende todos os fenômenos que intervenham para impedir o mercado de satisfazer as condições da concorrência pura e perfeita. Esse é o caso mais frequentemente aceito das indivisibilidades (entre as quais se encontram justamente os bens públicos), dos rendimentos de escala crescente e dos efeitos externos. Os rendimentos crescentes apresentam, de fato, um problema particular: as empresas que deles se beneficiam são incitadas a ampliações sem limites determinados, porque concluem estar sempre subdimensionadas em relação ao que seria seu tamanho ideal em dado momento. Tais empresas se veem impulsionadas a aumentar progressivamente de tamanho, e portanto sua fatia de mercado cresce na mesma proporção do mercado, até o ponto em que eliminam boa

---

31. Podemos observar, entretanto, que a prática já evoluiu bastante nesse sentido e que diversas atividades de produção de "bens públicos" têm sido privatizadas com sucesso. (N.A.)

32. É o mesmo fenômeno chamado em inglês de *free rider* ou "passageiro clandestino". (N.A.)

parte da concorrência. Em seu limite extremo, esse fenômeno acaba por originar um "monopólio natural".

Por outro lado, a existência dos "efeitos externos" também cria uma dificuldade que o mercado não tem condições de regulamentar. Por essa denominação[33], entendem-se as interações diretas que se produzem sem passar pelo mercado. Trata-se, por exemplo, das emissões de poluentes derivadas das atividades de produção e de consumo (poluição do ar ou da água e poluição sonora); citam-se, nesse caso, os efeitos externos negativos e espera-se a intervenção pública (mediante multas ou correções diretas) para dissuadir aqueles que os originam. Ao contrário, pode-se tratar também de efeitos externos positivos (vantajosos para o ambiente e para o mercado), como atividades de ensino e de pesquisa, quando se deseja encorajá-los por meio de subvenções ou de incentivos diversos. Na verdade, o mais conveniente é encarar esses problemas mediante critérios bastante diferenciados; em diversos casos de efeitos externos, pode ser judicioso deixar que os interessados (poluidores e poluídos, por exemplo) discutam a situação e cheguem a um acordo, que será *ipso facto* para vantagem mútua, já que foi livremente negociado.[34]

Em compensação, as atividades de produção nos setores da livre concorrência certamente não figuram entre as atribuições do Estado; visamos em particular à produção de bens e serviços destinados aos cidadãos ou às empresas. Algumas empresas estatizadas somente o foram por razões ideológicas ou demagogia política, como as ondas de estatização ocorridas na França em 1945 e em 1982. Aliás, podemos observar que na França, assim como em alguns outros países do Oeste europeu (Reino Unido, Alemanha, Espanha, Itália e Portugal), a tendência à privatização dessas empresas tem-se afirmado de forma muito nítida a partir dos anos

---

33. Também designados como *externalidades*. (N.A.)
34. Trata-se do caso previsto pelo Teorema de Coase (1960). Ronald Henry Coase recebeu o Prêmio Nobel de Economia em 1991. (N.A.)

1980. O fracasso do "socialismo real" nos países do Leste europeu oferece um exemplo suplementar desse movimento de retorno das empresas públicas ao setor privado, mesmo que esses países, chamados "em transição", encontrem dificuldades específicas nesse processo.

Devemos classificar à parte os "serviços públicos" *(public utilities)*, tais como os correios, as telecomunicações, as empresas de transporte público ou de produção de energia que disponham de monopólios. Algumas vezes, trata-se de uma tradição histórica profundamente ancorada em certos países, como é o caso da França, onde essa tradição desempenhou uma função primordial na industrialização do país e nas tarefas de reconstrução e de renovação do parque industrial que foi necessário enfrentar depois de 1945, constituindo em certos períodos uma verdadeira política industrial. Doravante, a tendência será a privatização de todas essas atividades ou, pelo menos, a abertura do mercado à concorrência, um movimento menos complicado em virtude do caráter público dessas empresas do que em razão do monopólio que elas exercem. Os governos dos países envolvidos esforçam-se com maior ou menor resolução para executar esse processo, mas o movimento parece inelutável por uma série de razões. Em primeiro lugar, na Europa, por exemplo, as regras da União Europeia tornam obrigatório aos países-membros abrir seus mercados à livre concorrência. Em segundo lugar, já que essas empresas trabalham agora em regime de economia aberta, é necessário que possam ter completa liberdade de ingerência nas grandes negociações ou nas alianças em que terão ocasião de participar, e tal liberdade de manobra tornará indispensável a abertura de seu capital a fim de que possam financiar, por meio de troca de ações, as aquisições que tenham a oportunidade de realizar. Não esqueçamos que o Estado não poderá garantir o financiamento dessas empresas sem se ver acusado de fraudar a livre concorrência no seio da União Europeia.

Esses grandes movimentos de retorno à economia de mercado certamente não dispensarão o Estado do dever de exercer sua vigilância sobre as empresas privatizadas que anteriormente eram empresas públicas. Apesar de sua integração no setor concorrencial, será necessário cuidar para que uma certa tradição dos serviços públicos, que permanecem de interesse geral devido às obrigações de continuidade e de universalidade, não seja simplesmente abandonada. Nesse sentido, será conveniente redigir com extremo cuidado os contratos que definirão as obrigações dos serviços públicos dentro de seus novos estatutos. Por outro lado, as agências públicas, sob formas e denominações diversas, terão a tarefa de garantir que a segurança dos usuários não seja sacrificada a preocupações com rentabilidade imediata. É digno de nota que mesmo em países nos quais a tradição da livre-iniciativa está mais enraizada, como nos Estados Unidos, existem tais instituições.

A função redistributiva

Se admitimos que, essencialmente, o capitalismo funciona segundo os princípios de uma economia de mercado, deduz-se disso que a remuneração dos fatores de produção também é determinada pelo mercado, quer se trate da mão de obra, dos equipamentos, das matérias-primas ou da energia. Turgot (1766) e Adam Smith (1776) já tinham consciência desse princípio e o haviam integrado em suas análises. Após o final do século XIX, os desenvolvimentos da análise microeconômica estabeleceram firmemente que a produtividade marginal constitui o alicerce das funções de procura de serviços produtores. No que se refere às funções de oferta, os fatores demográficos e os investimentos educacionais são suas principais variáveis motoras. Isso equivale a dizer que a estrutura das rendas obedece aos mecanismos do mercado, ou seja, é o mercado que determina a *repartição primária*[35] das rendas.

Esse é o princípio; todavia, a realidade observável não o segue fielmente. De fato, há dois fatores que se interpõem

---

35. Significa que a repartição decorre das atividades de produção (com exceção das transferências). (N.A.)

ao funcionamento puro e simples da lei da oferta e da procura no que se refere à formação dos lucros: o primeiro é a cobrança de impostos; o segundo é o conjunto dos sistemas de proteção social que foram criados nos países mais desenvolvidos. Esses dois tipos de intervenção correspondem às preocupações comuns com a justiça social, embora procedam por métodos diferentes. Na realidade, a fiscalização, ainda que vise principalmente a garantir o financiamento das despesas públicas e particularmente o financiamento dos sistemas de produção social, também recebeu uma tarefa de redistribuição chamada de *vertical*, cujo objetivo é o de reduzir as desigualdades entre as rendas altas e baixas. Ela utiliza para isso o imposto sobre a renda, assim como alguns impostos sobre o patrimônio (imposto sobre as grandes fortunas, taxas cobradas sobre as heranças, impostos prediais, taxas sobre transferência de bens, impostos sobre o lucro empresarial), sendo que alguns desses impostos são caracterizados pelo caráter progressivo de suas taxas.

A redistribuição *horizontal*, por sua vez, busca reduzir as desigualdades de situação derivadas de outros fatores que não a renda. Por exemplo, as desigualdades entre doentes e sadios (seguridade social), entre lares sem filhos e lares encarregados do sustento de crianças (abono família), entre contribuintes ativos e pessoas de idade (aposentadoria, seguros de saúde para a terceira idade). Essa intervenção estatal é algumas vezes apresentada como uma espécie de seguro de saúde ou como um seguro contra acidentes ou outros riscos; a própria expressão "seguridade social" evoca essa associação. Aliás, antes da instituição da seguridade social na França, logo após o final da Segunda Guerra Mundial, os assalariados dependiam de *seguros sociais* para se proteger. Entretanto, se deixamos de lado os benefícios por doença ou acidentes de trabalho, os quais efetivamente têm por objetivo proteger o segurado contra as eventualidades da vida diária, veremos que hoje se menciona muito menos a noção de riscos ou perigos do que a de solidariedade e de justiça social, o que se afasta do conceito original de seguridade.

Contudo, a distinção entre seguridade e solidariedade não é intransponível; na realidade, observaremos que várias empresas de seguro constituíram-se sob forma mutualista, de modo que existe um parentesco real entre esses dois tipos de preocupação social.

As grandes preocupações a que respondem as diferentes categorias de prestações são a aposentadoria, a saúde, a família, o desemprego e a pobreza (ou exclusão). Se deixamos de lado os seguros-desemprego, que dependem de uma gestão paritária dos empregadores e dos assalariados, as prestações recebidas são reembolsos referentes a seguro de saúde, bolsas familiares, pensões de aposentadoria, em resumo, todos os auxílios denominados pelos franceses de "*minima* sociais" (atualmente, na França, existem oito desses valores mínimos, entre eles o seguro-desemprego, o auxílio-moradia etc). Aliás, esse é um ponto que levanta sérias dificuldades, designadas pela expressão "a armadilha do desemprego".

De fato, em um país como a França[36], que conhece uma legislação sobre salário-mínimo (o SMIC), todo beneficiário de seguro-desemprego que receba uma proposta de trabalho cujo pagamento seja próximo ao salário-mínimo não se sentirá muito inclinado a aceitá-la, porque o fato de estar trabalhando significa que perderá de imediato todos os *minima* sociais (seguro-moradia, abonos referentes às crianças por quem é responsável etc) que recebia enquanto estava desempregado. Há, portanto, um verdadeiro problema, que é frequentemente descrito como um dos maiores componentes da rigidez do mercado de trabalho francês e que explicaria em boa parte a importância do desemprego "estrutural" que existe na França. Diversas vezes já foi sugerido que um meio de evitar essa armadilha seria a instituição de um crédito de imposto (algumas vezes chamado de "imposto negativo"), que seria regressivo à medida que o interessado recuperasse condições de remuneração mais elevadas.

---

36. Um país como a Austrália passa exatamente pelo mesmo problema. Na França, a taxa de desemprego "estrutural" é geralmente avaliada em 8%. (N.A.)

Os montantes financeiros em jogo são muito importantes: em 2006, as despesas públicas na França representavam cerca de 53,3% do PIB. Somente as despesas sociais constituem 37,3% do PIB. Ao longo dos anos que se seguiram ao final da Segunda Guerra Mundial, foram essas despesas sociais que apresentaram as maiores taxas de crescimento em todos os países ocidentais. É claro que o financiamento das despesas públicas se traduz pela evolução dos impostos obrigatórios. Se considerarmos o caso da França, esses impostos atingiram, em 1999, 45,4% do PIB nacional, recolhidos sob diversas formas (impostos, descontos sobre salários, taxas de contribuição social). E o caso da França não é único: encontramos uma evolução semelhante na maioria dos países ocidentais.

Se estudarmos os dados de alguns dos maiores países-membros da OCDE[37] em 2005, obteremos as tabelas a seguir, que indicam a taxa dos impostos obrigatórios em porcentagens do PIB, com as próprias taxas dos impostos obrigatórios já classificadas (sempre como porcentagens do PIB) em impostos diretos e contribuições sociais:

Taxas de Impostos Obrigatórios (IO)
expressas em porcentagens do PIB

País	Taxas de IO	Impostos	Contribuições Sociais
França	44,3	28,0	16,3
Reino Unido	37,2	30,2	7,0
Alemanha	34,7	20,8	13,9
Estados Unidos	26,8	20,2	6,6
Japão	26,4	16,4	10,0

Fonte: OCDE.

---

37. Organização para a Cooperação e o Desenvolvimento Econômico. (N.T.)

Podemos ver que, em 2005, o peso dos impostos obrigatórios era muito mais importante na França do que nas outras grandes potências econômicas.

Tenhamos o cuidado, porém, de apenas comparar o que é comparável. Nos Estados Unidos, as contribuições para seguro social não são consideradas como impostos obrigatórios. De forma geral, os países anglo-saxões deixam uma grande margem aos sistemas de seguros complementares no que se refere ao seguro de saúde. Já o sistema francês é concebido nesse domínio em um outro espírito. Lembremos, por outro lado, que a seguridade social na França, incluindo o seguro de saúde, é responsável pela alocação dos abonos familiares e dos seguros contra a velhice. As contribuições sociais referem-se portanto, a três rubricas.

As somas assim transferidas às famílias a título de prestações sociais são muito importantes porque, na França (em 1999), representavam 27,8% da renda bruta disponível antes do pagamento dos impostos. Para termos uma visão mais clara da redistribuição assim alocada, será necessário levarmos em consideração as modalidades do sistema fiscal. No caso da França, não podemos esquecer que um pouco mais da metade das famílias não está sujeita ao pagamento do imposto sobre a renda. Esse imposto tem um caráter firmemente progressivo, de modo que 20% dos contribuintes são responsáveis pelo pagamento de 80% do produto total do imposto sobre a renda.[38] Essa redistribuição abrange, portanto, ordens de grandeza extremamente importantes.

Não é menos certo que todos os países ocidentais passam, em graus maiores ou menores, por graves problemas de financiamento dos serviços de proteção social, problemas oriundos do prolongamento da vida humana média e dos custos crescentes gerados pelos progressos tecnológicos

---

38. Seria possível considerar, em resumo, que as famílias liberadas tornaram-se, com plena proteção da lei, "viajantes sem passagem". (N.A.)

na área dos equipamentos médicos, particularmente em razão da evolução das técnicas de produção de imagens para fins médicos, que necessitam de investimentos bastante onerosos.[39] Se o problema que se apresenta aos países evoluídos é considerado sério, isso se deve em primeiro lugar ao fato de que, a cada ano, a porcentagem das despesas com a seguridade social eleva-se em relação ao PIB dessas nações; em segundo lugar, de modo mais geral, deve-se ao fato de que efetivamente surgirão dificuldades crescentes se nos contentarmos em deixar o montante das despesas públicas seguir aumentando sem tentar discipliná-los e sem levar em consideração a evolução demográfica. Esse é um problema geral, que ultrapassa o problema da redistribuição de renda.

A evolução das despesas públicas

O crescimento das despesas públicas no transcurso de longos períodos é um fenômeno que se observa há bastante tempo. Desde 1875, o economista alemão Adolf Wagner ficou tão impressionado com essa tendência, que acreditou poder enunciar uma lei, denominada Lei de Wagner, segundo a qual as despesas públicas apresentavam a tendência de crescer mais depressa que a produção nacional. Wagner explicou esse fenômeno pela passagem de uma sociedade amplamente rural à urbanização; as solidariedades naturais (laços de família ou de vizinhança) próprias às sociedades rurais tiveram de dar lugar a dispositivos coletivos mais impessoais e mais onerosos. A tendência moderna é atribuir maior crédito a outros tipos de explicação, aos quais voltaremos. Esse movimento observado por Wagner prosseguiu sempre na maior parte dos países industrializados, como demonstram alguns dados obtidos do FMI.

---

39. O problema é particularmente agudo na França, onde um atraso considerável acumulou-se sobre esses equipamentos. Conforme D. Laurent (2000). (N.A.)

Despesas públicas em porcentagens do PIB

País	1870	1913	1920	1937	1960	1980	1996
Estados Unidos	3,9	1,8	7,0	8,6	27,0	31,8	33,3
Japão	8,8	8,3	14,8	25,4	17,5	32,0	36,2
Alemanha	10,0	14,8	25,0	42,4	32,4	47,9	49,0
Reino Unido	9,4	12,7	26,2	30,0	32,2	43,0	41,9
Itália	11,9	11,1	22,5	24,5	30,1	41,9	52,9
França	12,6	17,0	27,6	29,0	34,6	46,1	54,5
Suécia	5,7	6,3	8,1	10,4	31,0	60,1	64,7

Fonte: FMI.

Pode-se observar nesses algarismos a preparação e os efeitos das duas guerras mundiais e depois, a partir de 1947, o aumento de valor das despesas sociais, efeito amplificado pelos dois choques petroleiros de 1973 e de 1979 e pelo desemprego maciço que existe na França desde essa época. De modo geral, pode-se notar que essa tendência evolutiva não é peculiar à França, uma vez que a encontramos na maioria dos países ocidentais.

Em 2006, as despesas da administração pública de alguns países da OCDE e da União Europeia assim se apresentavam em relação ao PIB:

Estados Unidos	34,7%
Japão	39,9%
Alemanha	45,4%
Reino Unido	43,7%
Itália	50,1%
França	53,3%
Média OCDE	37,1% *
Média União Europeia (27)	46,5%

* Dados de 2001.
Fontes: OCDE e EUROSTAT.

Observamos então que as despesas públicas ocupam um lugar considerável no PIB dos países ocidentais, e que a França se encontra particularmente comprometida ao ver mais de metade desse produto transitar pelas contas públicas, o que nos leva a levantar algumas questões. Em primeiro lugar, por que a França, assim como a Alemanha e um certo número de países da Europa Setentrional passaram por um crescimento tão importante de suas despesas públicas? Em segundo lugar, esse movimento é reversível ou está destinado a prosseguir indefinidamente?

Como explicar o crescimento progressivo das despesas públicas? – Já vimos, no transcurso de um longo período, que esse movimento muitas vezes foi tributário de grandes eventos históricos, como as guerras, os choques petroleiros, o desemprego maciço. É preciso acrescentar a isso os fatores demográficos no que concerne a certas despesas, como o seguro de saúde e as aposentadorias. Tudo isso está integrado no vasto movimento que representou o desenvolvimento do *welfare state*, ou Estado previdenciário[40], após a Segunda Guerra Mundial. Tais movimentos correspondem a aspirações tão profundas, que eles comportam em si mesmos uma certa inércia e que se torna politicamente difícil, senão impossível, encarar uma mudança brutal das instituições, mesmo quando a situação normaliza-se outra vez. As particularidades próprias a certos países, como o estatuto do funcionalismo público, aumentam ainda mais a rigidez do sistema e tornam muito difícil a redistribuição do pessoal em função das novas circunstâncias. Um conjunto de explicações, que recebeu o nome de "teoria das escolhas públicas", permitiu um certo esclarecimento desse problema a partir da década de 1960.

A "teoria das escolhas públicas" e os interesses dos servidores do Estado – O poder público não é um con-

---

40. Também chamado de "Estado paternalista". (N.T.)

junto abstrato de déspotas benevolentes. Há muito tempo é do conhecimento geral que o interesse coletivo não é, em quaisquer circunstâncias, a única motivação dos homens que trabalham nas grandes organizações, sejam públicas ou privadas. Não levar em consideração o caráter complexo de seus comportamentos e de suas motivações pessoais equivale a tratar o Estado como uma "caixa preta", um erro que se cometeu muitas vezes na elaboração de teorias sobre as firmas comerciais ou sobre as administrações públicas. Podemos então nos felicitar de que, no decorrer da década de 1960, foi possível assistir à criação e ao desenvolvimento de uma teoria da burocracia e de uma teoria das "escolhas públicas" (*public choices*)[41], cujo objetivo é exatamente levar em consideração as motivações que impulsionam as pessoas que povoam os escritórios governamentais, assim como os atores políticos das quais elas dependem. Esses trabalhos obtiveram sucesso em atrair a atenção sobre dois tipos principais de fenômenos.

Em primeiro lugar, no próprio seio das repartições, os dirigentes tendem a considerar como um sinal de importância, e portanto de sucesso, o crescimento do número de funcionários colocados sob suas ordens. Mesmo que todos os demais fatores permaneçam iguais, eles se esforçam para fazer crescer o orçamento funcional de um período a outro. O mesmo raciocínio permite compreender por que os diretores demonstram tão forte resistência a toda tentativa de redução do pessoal, mesmo quando justificada pela modificação das circunstâncias ou pelo desejo de ver melhorar a produtividade do pessoal. Assistimos então a um "efeito de comitê": a evolução do pessoal só pode ser realizada em um sentido, aquele do aumento dos efetivos.

O segundo elemento explicativo que entra em jogo é o da *ilusão fiscal*. Entende-se por esse termo o fato de que todo

---

41. Conforme Buchanan e Tollison (1972), L. Weber (1978 e 1991), M. Mougeot (1989), Bienaymé (1992) e Pondaven (1995). (N.A.)

acréscimo nas despesas públicas sob este ou aquele título orçamentário parece pouco custoso a seus futuros beneficiários a partir do momento em que o fardo será partilhado por um grande número de contribuintes. Essa consideração é ainda mais importante quando lidamos com um sistema fiscal em que o imposto sobre a renda é fortemente progressivo; portanto, o imposto é indolor para as famílias situadas na base da escala de rendas, que são precisamente as mais numerosas e, em consequência, formadas pelo maior número dos eleitores.

Em alguns países, particularmente na França, esse fenômeno difunde-se com extrema facilidade e rapidez, porque mais da metade das famílias é exonerada do pagamento do imposto de renda. Esse efeito é reforçado pela grande desigualdade na distribuição das rendas, quando são calculadas, como vem sendo feito, através da comparação entre a renda média e a renda mediana.[42] Desse modo, na França de 1998, o salário líquido médio era de 8.830 francos, enquanto o salário líquido mediano era de 10.930 francos. Nessas condições é compreensível que, por exemplo, o crescimento dos efetivos das repartições públicas, cujos salários representam a maior parte dos custos de funcionamento administrativo, depare-se com uma resistência política mínima. Uma comparação internacional entre a porcentagem de emprego do funcionalismo público e o emprego total para o ano de 2005 dará uma ideia das ordens de grandeza que estão em jogo.

---

42. Esclareçamos que a renda média corresponde à média aritmética das rendas. A renda mediana é calculada de tal modo que 50% das pessoas incluídas no grupo recebam mais e 50% recebam menos. Se a renda mediana é menos elevada do que a renda média, isso indica que as baixas rendas são mais numerosas na distribuição total. Esse é, portanto, um meio de medir a desigualdade da distribuição das rendas. (N.A.)

Estados Unidos	15,4%
Japão	9%
Alemanha	10,8%
Reino Unido	19,1%
Itália	15,9%
França	22,7%
Média União Europeia (15)	16,6%

Fonte: OCDE.

Demonstra-se perfeitamente que, pelo menos entre os países da OCDE, a França ocupa, sob esse ponto de vista, um lugar excepcional. Sem dúvida, ela não está longe de representar um caso limite.

A teoria da *public choice* reforça ainda mais as considerações precedentes esquematizando o comportamento das personalidades envolvidas na política da seguinte maneira: os políticos anseiam por ser eleitos ou reeleitos, caso já ocupem uma função pública. Para atingirem tal resultado, devem apoiar-se nas categorias mais numerosas do corpo eleitoral; se os titulares de rendas inferiores à média são mais numerosos do que os titulares de rendas superiores (o que corresponde ao caso descrito no rodapé da página anterior, em que a renda mediana é inferior à renda média), o candidato que se apresenta às eleições terá interesse, quando todos os demais fatores são iguais, em defender uma redistribuição de rendas mais relevante, mesmo que às custas de um aumento dos impostos obrigatórios e das despesas públicas. Esse movimento, contudo, não pode ser mantido indefinidamente.

Os limites do crescimento das despesas públicas – O emprego público entra na categoria dos empregos não comerciais. A partir desse fato, surge um problema particular. Ao passo que os empregos comerciais se financiam por si mesmos, graças ao produto das vendas dos empregadores, os empregos não comerciais só podem ser criados em função de um financiamento coercitivo: o imposto. Portanto, é preciso estar bem seguro da sua utilidade social para impor aos contribuintes esse encargo suplementar. Para os empregos do setor comercial, não se apresenta tal questão, pois são os empregadores que assumem o encargo financeiro; se a contratação de mais um empregado não for justificada, a empresa se absterá de contratá-lo ou o dispensará. O setor não comercial subsiste em condições de funcionamento totalmente diversas. Toda criação de um emprego público permanente impõe um aumento da carga salarial que se fará sentir progressivamente ao longo de uns trinta anos. Desse modo, se introduz na economia um fator de rigidez que é acentuado pela existência de um estatuto do funcionalismo, com uma taxa fixa de remunerações e uma distinção estrita entre as diferentes categorias de funcionários, de modo que a mobilidade de pessoal no setor não comercial torna-se fortemente reduzida.

Sobre o estrito plano econômico, podemos observar que nada é mais difícil de calcular do que a produtividade do setor não comercial. A contabilidade nacional depende de uma ficção contábil: considera-se que a produção do setor não comercial seja exatamente igual a seus custos de produção, o todo representando o valor acumulado bruto não comercial. Trata-se de um procedimento contábil que não tem em si mesmo qualquer significação econômica. As consequências práticas dessa situação não podem ser negligenciadas: o setor não comercial não é absolutamente afetado, no que se refere ao número de seus efetivos, pela evolução do progresso técnico, o que não deixa de causar surpresa se consideramos os progressos realizados pela informática e, de um modo mais geral, pela burocracia no trabalho administrativo das empresas.

Compreende-se desde logo porque os apelos constantemente lançados à redistribuição dos recursos humanos na administração pública estejam destinados a não ser mais do que um rogo piedoso.[43] A resistência heroica e vitoriosa que frequentemente surgiu na França, opondo, por exemplo, o Ministério da Fazenda a toda reforma estrutural de sua organização, é apenas uma demonstração entre muitas de tal rigidez. Isso explica *a contrario*[44] porque a Suíça recentemente decidiu, por meio de um plebiscito, suspender o estatuto do funcionalismo, fazendo com que os funcionários administrativos passassem à condição salarial de direito comum. Porém, falando francamente, trata-se de um caso excepcional. Contudo, muitos outros países estão procedendo a uma série de reformas que tendem a aproximar o estatuto e os métodos de trabalho do alto funcionalismo público das condições que dominam o setor privado, em particular no que se refere à mobilidade do pessoal administrativo e seu tipo de remuneração. Isso vem ocorrendo particularmente na Dinamarca, na Holanda, no Reino Unido e na Itália. A direção desse movimento é perfeitamente clara: corresponde ao desejo de que o setor público torne-se mais ágil e mais adaptável.

O problema da limitação das despesas públicas está ligado a seu crescimento, pois esse movimento de crescimento implica, em um país de impostos fortemente progressivos, o aumento cada vez maior da carga fiscal que recai sobre a classe alta e a classe média alta da população, bem como sobre as empresas. O limite dessa tendência, no que concerne às famílias, é principalmente psicológico. Ele se traduz pelo cansaço ou até mesmo pela revolta dos contribuintes e pelo seu desencorajamento tão logo se deem conta de que o

---

43. Essa possibilidade somente poderia tornar-se real em uma gestão de previsão dos recursos humanos e à ocasião das aposentadorias. Podemos observar que, na França, cerca de metade dos funcionários públicos ativos atingirá a idade de aposentadoria antes de 2010. As possibilidades *técnicas* de redução do pessoal não serão, portanto, negligenciáveis. O governo francês, com problemas de eficácia e de economia, efetivamente se comprometeu, a partir de 2008, a substituir apenas um funcionário para cada dois que se aposentarem. (N.A.)
44. Expressão latina cujo significado é "de modo inverso". (N.T.)

Estado decide sobre o destino de mais de metade do PIB sem que eles possam dizer uma única palavra a esse respeito. Um país não se deixa levar a uma tal situação sem que sua reputação sofra as consequências; sempre é perigoso causar a impressão de que encara o enriquecimento dos cidadãos com má vontade. Quanto às empresas, a carga fiscal é exercida às custas de sua capacidade de investimentos e da situação de seus quadros superiores. Em certos casos, a carga fiscal chega a ser um fator dissuasivo para novos investimentos, uma incitação a mudar-se para outros países ou, pelo menos, a transferir sua sede social para o estrangeiro.

Esse movimento de crescimento das despesas públicas é geralmente justificado por razões de justiça social e, principalmente, pela consideração de que uma parcela considerável da sociedade vive abaixo da linha de pobreza. Na realidade, há duas categorias de pessoas que são afetadas pela pobreza: os desempregados pobres e os trabalhadores pobres (os *working poors*). Em cada país, a pobreza é medida conforme uma convenção específica: na França, habitualmente se considera como pobre toda pessoa cuja renda seja inferior aos 50% da renda mediana, o que corresponderia a uma renda mensal situada em torno de 535 euros por família. A população afetada pela pobreza é considerável na França, apesar de todas as transferências sociais, uma vez que, além dos operários e de outros trabalhadores pobres (cerca de 1.300.000 pessoas), é necessário contar as pessoas que vivem com eles, assim como os desempregados pobres, ou seja, um total de quase dois milhões de pessoas às quais é necessário adicionar mais de 800.000 crianças.[45] As pessoas que se encontram nessa situação geralmente acumulam diversas dificuldades adicionais, sejam elas individuais ou familiares. São necessi-

---

45. De acordo com uma pesquisa do *Institut National de la Statistique et des Études* [INSEE] publicada na revista *Économie et Statistique* n° 335, de dezembro de 2000; e um estudo de prolongamento, *ibidem*, números 383-384-385, de dezembro de 2005. Cerca de quatro milhões de pessoas estariam incluídas nessa categoria. (N.A.)

dades que devem ser satisfeitas a longo prazo (alfabetização, formação profissional), as quais poderão melhorar suas respectivas condições. Exemplos encorajadores podem ser vistos na Holanda e no Reino Unido. A França está começando a realizar esforços nesse sentido.

Seja como for, trata-se de uma necessidade imperiosa, não só por razões humanitárias, mas também porque, ao aliviar os que se encontram abaixo da linha da miséria, o país encontrará maior coesão social e um aumento do potencial humano para engajar-se em um processo de crescimento. Se considerarmos que essa tarefa é prioritária e se, ao mesmo tempo, tomarmos consciência de que a capacidade de contribuição social em forma de impostos e taxas já atingiu praticamente seu limite, tanto mais indispensável se tornará a reforma do Estado e a redistribuição de seus recursos humanos.

Em outros termos, percebe-se que os próximos governos deverão realizar uma delicada tarefa de arbitragem entre a preocupação com a justiça social e a busca de maior eficácia econômica.

A função estabilizadora

Vamos agora abordar a terceira grande função econômica que a análise de Musgrave atribui ao Estado. Logo após o final da Segunda Guerra Mundial, a maior parte dos economistas ocidentais concordou em um sentido: a conjuntura teria de ser estabilizada até o ponto em que se aproximasse o máximo possível de um estado de pleno emprego, por meio do qual se pudesse manter a economia de forma estável e duradoura.

Para atingir esse objetivo, esperava-se que os responsáveis pela política econômica fossem capazes de pôr em prática uma combinação judiciosa (uma boa *policy mix*) dos instrumentos que tinham à sua disposição: a política orçamentária e a política monetária. A política conjuntural ideal deveria permitir a evolução do PIB o mais próximo possível de seu crescimento potencial.[46] A política econômica deveria ser, portanto, essencialmente contracíclica, freando a conjuntura quando ela se movimentasse depressa demais e esforçando-se para acelerá-la assim que surgissem sinais de recessão. A base para essa "sintonia fina" (*fine tuning*) dependeria sobretudo da política orçamentária, que se pretendia que fosse realizada utilizando-se os indicadores conjunturais avançados postos à sua disposição pelos institutos de estatística. O essencial da análise da situação conjuntural e das previsões a curto e médio prazo nos principais países ocidentais baseava-se em modelos de inspiração keynesiana.

No entanto, à medida que as economias nacionais abriram-se de forma cada vez mais acentuada ao exterior, novas dificuldades apareceram para o prosseguimento da política conjuntural. A mais importante foi a de que logo se percebeu que seria particularmente perigoso para um governo adotar uma política que o colocasse em situação de inferioridade em relação a de seus principais parceiros comerciais. Essa experiência foi vivida notadamente pelo governo francês em 1981, quando ele adotou uma política mal planejada de incentivos destinada a reduzir o desemprego, experiência que se demonstrou catastrófica e que tornou necessária, em 1983, uma reviravolta de 180 graus e a adoção imediata de uma política de "desinflação".

A partir dessa época, a maior parte dos governos teve de desempenhar o papel preponderante de instrumento monetário em sua política conjuntural, designando ao Banco Central a tarefa de manter a estabilidade dos preços a fim de se proteger contra qualquer perigo de inflação. Essa concepção, diga-se de passagem, é a que prevalece desde então na União Europeia tomada em seu conjunto. O pacto de estabilidade e de crescimento adotado pelo Tratado de Amsterdã (1997) visa precisamente a conter a política orçamentária

---

46. O crescimento potencial de uma economia é medido pelas previsões feitas quanto à evolução da população ativa, do capital e do progresso técnico de um país em que os fatores de produção são plenamente utilizados. (N.A.)

dentro de limites estritos a fim de evitar que a União Europeia descambe em uma espiral inflacionária. A característica mais marcante da inflação é a de comprometer o caráter durável do crescimento econômico, o que conduz à imposição de medidas destinadas a frear o aumento dos preços e a estabilizar a economia. Essa alternância entre políticas de incentivo e políticas de estabilização, mais bem conhecida sob o nome de "política de *stop and go*" foi a maldição de países como o Reino Unido e a França desde a década de 1950 até a década de 1980.

A tendência que agora se observa nos países mais avançados é algumas vezes descrita como a passagem da "política da procura (demanda)" para a "política da oferta". A política da procura era de inspiração keynesiana e tendia a estimular a demanda global utilizando diversos instrumentos, tais como o aumento dos *mínima* sociais franceses (as bolsas), do salário mínimo e da renda mínima de inserção social, a fim de encorajar o "consumo popular". A política de oferta enfatiza as medidas adequadas a favorecer o dinamismo das empresas por meio de incentivos como a redução dos impostos (tanto os impostos cobrados sobre as sociedades quanto o imposto sobre a renda), a diminuição dos encargos sociais sobre os salários, os esforços de formação da mão de obra especializada e o estímulo a investimentos e inovações.[47] A Alemanha, o Reino Unido e a Espanha tomaram esse caminho; a França parece finalmente se decidir por ele, como provam as iniciativas tomadas mais recentemente (2005) para a constituição de polos de competitividade.[48] Trata-se, em resumo, de passar de uma política de estabilização conjuntural para uma política de crescimento econômico. Isso implica

---

47. Trata-se, em suma, de estimular o crescimento da produção a longo prazo, uma vez que é da produção que derivam as rendas. (N.A.)

48. Esses polos (inicialmente 71) agora se tornaram numerosos demais. Na verdade, somente poderão produzir efeitos sérios sobre a economia nacional se o seu número não for superior a uma dezena. (N.A.)

uma grande reviravolta de perspectivas: os países que têm melhor desempenho nesse sentido (Estados Unidos, China, Japão e Índia) tomam por base um importante esforço de formação de capital humano, em particular através de incentivos ao ensino superior, tanto científico quanto técnico. Os países europeus já perderam muito terreno nessa área, o que condiciona os desenvolvimentos futuros.

A grande dificuldade das políticas de estabilização conjuntural reside nos *atrasos* que sua ação exige. Por exemplo, constatou-se que toda variação na oferta de moeda leva de seis a dezoito meses para repercutir sobre a economia. Isso é grave, porque existe o risco de se agir fora de tempo; por exemplo, em momentos em que a situação do mercado de trabalho é difícil, tomam-se medidas para melhorar a situação de emprego, mas essas medidas só começarão a produzir seus efeitos quando a situação conjuntural já tiver voltado ao normal. Essa consideração leva os bancos centrais a enviar aos mercados sinais claros e a imprimir à política monetária uma tendência que se afaste o mínimo possível da evolução provável do crescimento potencial da economia.

Por outro lado, é necessário que os instrumentos de regulamentação empregados sejam *reversíveis*, o que nos obriga a manejar o instrumento orçamentário com extrema prudência, justamente em função do efeito de comitê que observamos antes em matéria de despesas públicas, um efeito que funciona sempre no mesmo sentido, a saber, o do aumento do volume de despesas, impedindo qualquer reversão do processo. Além disso, os deficits orçamentários anuais aumentam de forma cumulativa o peso da dívida pública, um aumento insuperável sempre que as taxas de juros são superiores às taxas de crescimento do PIB. Deixando-se o deficit aumentar de maneira descontrolada, logo se perceberá que o serviço da dívida acabará por se impor como uma das principais rubricas orçamentárias do Estado[49], reduzindo assim

---

49. O serviço da dívida na França já constitui (2005) o segundo item nas despesas civis do orçamento do Estado. (N.A.)

a margem de manobra do governo e absorvendo uma parte crescente da poupança familiar. Foi por essa razão que o Tratado de Maastricht limitou em 60% do PIB o peso admissível do endividamento de cada um dos países da abrangência do euro. Isso demarca o limite dos deficits orçamentários suportáveis (3% do PIB segundo os critérios adotados em Maastricht). Somente será possível readquirir uma margem de manobra reembolsando progressivamente a dívida, o que supõe superavits orçamentários.

Em se tratando de política de empregos, a França caracteriza-se por dois tipos particulares de medidas. Em 1997, o governo decidiu criar no setor não comercial 350.000 "empregos para a juventude", correspondentes a contratos fechados com a duração determinada de cinco anos. Além disso, uma política de "partilha do trabalho" foi empreendida em 1981, passando a duração da semana de trabalho de quarenta para trinta e nove horas e baixando a idade de aposentadoria para sessenta anos. Com o mesmo espírito, decidiu-se em 1997 diminuir a duração da semana de trabalho para trinta e cinco horas, de acordo com um sistema bastante complicado que comporta um incentivo para as empresas baseado em bônus e uma grande revalorização do valor a ser pago por horas extras, assim como seu racionamento, a fim de dissuadir as empresas de recorrer a essa figura da legislação trabalhista.

Os economistas têm demonstrado um julgamento reservado dessas medidas. A lei relativa à semana de trinta e cinco horas teve como efeito inevitável elevar os custos salariais, o que não constituiu exatamente uma medida favorável ao aumento de empregos. As mesmas vantagens tiveram de ser concedidas ao pessoal do setor não comercial, o que acentuou o desequilíbrio financeiro desse setor e ainda contribuiu para desorganizar os serviços públicos. Essa lei também reduziu mecanicamente a produtividade do trabalho, tornando mais lento o progresso dos salários reais. Por isso a França viu-se forçada a consentir bônus compensatórios onerosos para as empresas a fim de reduzir, por uma medida autoritária, seu potencial de crescimento a longo prazo. É bastante compreensível que nenhum outro país tenha tentado seguir esse exemplo.

No que se refere à idade de aposentadoria, mais cedo ou mais tarde surgirá um importante problema de financiamento em razão do envelhecimento progressivo da população e da péssima proporcionalidade entre o número de ativos e inativos, particularmente na França. Recordemos que, em 2004, a taxa de atividade da população na faixa dos 55 aos 64 anos era de 37,3% na França, 39,2% na Alemanha, 56,2% no Reino Unido, 65,7% no Japão e 60,1% nos Estados Unidos. Nessas condições, é perfeitamente compreensível que o governo escolhido pelas eleições legislativas de 2002 tenha empreendido diversas reformas, como a remodelagem do regime de aposentadoria e a revisão das condições de aplicação da lei das trinta e cinco horas, a fim de melhor garantir a perpetuação do pagamento das aposentadorias e de atenuar alguns dos inconvenientes inerentes à legislação sobre a redução da jornada de trabalho.

Seja como for, o que essas duas medidas (a semana de trinta e cinco horas e a redução da idade para aposentadoria) têm em comum é que são medidas estruturais: trata-se de uma modificação das regras do jogo que, em princípio, deve ter caráter permanente. Como elas são dificilmente reversíveis, isso impede que possam ser consideradas como parte de uma verdadeira política de estabilização conjuntural.

Alguns dados recolhidos pelo Fundo Monetário Internacional nos ajudarão a descrever a situação do desemprego (em porcentagens da população ativa) nos principais países industrializados e em alguns dos países europeus tomados isoladamente:

País	1982-1991	1992	1993	1994	1995
Média do G7	6,9	7,1	7,2	7,0	6,7
França	9,5	10,3	11,6	12,3	11,7
Itália	10,5	10,7	10,1	11,1	11,6
Espanha	18,6	18,4	22,7	24,2	22,9
Irlanda	15,1	15,2	15,5	14,1	12,1

País	1996	1997	1998	1999	2004
Média do G7	6,7	6,5	6,2	6,1	6,4
França	12,4	12,5	11,7	11,0	9,7
Itália	11,6	11,7	11,8	11,4	8,0
Espanha	22,2	20,8	18,8	15,9	10,8
Irlanda	11,5	9,8	7,4	5,6	4,5

Fonte: FMI.

Pode-se observar que a Irlanda, a Espanha e a Itália realizaram progressos substanciais. A França está em vias de recuperação, já que registrou 9,0% em 2006, provavelmente 8,0% em 2007, com uma previsão de 7,6% para 2009.

Os países que, segundo procedimentos diversos, tomaram iniciativas microeconômicas que interferem no procedimento normal dos mercados obtiveram resultados decepcionantes. A criação voluntária de empregos no setor não comercial somente torna mais pesada a carga dos contribuintes. As políticas de assistência aos desempregados não conseguiram conduzir a uma política de emprego, e os fenômenos da "armadilha do desemprego" estão à vista de todos para nos recordar que políticas simplistas de assistência podem provocar os efeitos mais perversos. A melhor esperança de melhoria da situação dos empregos ainda consiste no crescimento econômico.

Portanto, a tendência geral atual, para o Estado, é de se reconcentrar nas suas atribuições tradicionais da realeza, ao mesmo tempo em que se desemaranha das atividades de produção comercial, que se tornam cada vez mais estranhas em um mundo de concorrência internacional, e também de abordar de forma mais prudente as políticas de redistribuição. De fato, os governos serão impulsionados nesse sentido pelo simples fato de que se encontram em regime de economia aberta e de que a concorrência mundial não se realiza somente em relação aos produtos, mas também em relação ao poder atrativo dos locais de produção. O sistema fiscal, a formação de mão de obra especializada e a liberdade de manobra das empresas são também argumentos poderosos no sentido de atrair ou de conservar os investimentos estrangeiros.

No que se refere às políticas conjunturais, cada vez mais se evidencia que devem atribuir um papel preponderante à política monetária, com o objetivo imediato de preservar a estabilidade da moeda. Não há mais espaço para políticas orçamentárias do tipo "keynesiano" vigentes na década de 1960: o controle das finanças públicas agora se impõe de forma mais imperiosa. Todo governo que quiser conservar sua função contracíclica em sua política orçamentária será obrigado a produzir um superavit nos períodos de expansão a fim de admitir um certo deficit para impulsionar a economia caso volte a recessão.[50] Este é, aliás, um dos problemas mais delicados a serem apresentados pela crise atual. Os diversos países se vêm obrigados a adotar planos emergenciais que incluem um importante comprometimento de despesas públicas em estilo keynesiano. Ao mesmo tempo, se acham atemorizados pela amplitude dos déficits orçamentais que estes planos implicam e pelo tamanho da dívida pública decorrente, do mesmo modo que pelo perigo de inflação. Eles hesitam entre a luta contra a recessão e a restauração da ordem

---

50. Diga-se de passagem que essa é a ação dos "estabilizadores automáticos", que a análise keynesiana já conseguira evidenciar: as receitas fiscais diminuem em períodos de contração, enquanto aumentam naturalmente em períodos de expansão econômica. (N.A.)

de suas finanças públicas. Em suma, os governos europeus passaram a tratar os mecanismos de mercado com maior respeito. É verdade que foram longe demais no caminho da intervenção e que se assiste atualmente a uma correção bastante modesta, mas nitidamente perceptível, das ilusões do dirigismo em voga a partir de 1945.

Ainda que em graus e modalidades diversas, vê-se que os países industriais europeus comprometem-se com um tipo de sistema que se pode qualificar de social-democrata, no sentido de que estamos lidando com economias de mercado inseridas em um sistema político parlamentar e controladas por importantes dispositivos de proteção social.[51] Não há como negar que esse sistema é apenas uma variante do capitalismo: é essencialmente o mecanismo dos preços que governa a distribuição dos recursos produtivos, ainda mais que as economias nacionais são agora abertas e que se reúnem em agrupamentos econômicos, dos quais a União Europeia é o exemplo mais marcante. A própria União Europeia é uma economia aberta e participa desse grande movimento de globalização que caracteriza a época atual. Este é o contexto geral que determina limites à intervenção do Estado na economia de mercado: os diferentes países poderão conservar suas características específicas e suas próprias tradições, na medida em que as cargas tributárias e as obrigações trabalhistas que impõem não venham a comprometer suas possibilidades de sucesso no âmbito da grande competição mundial, o que corresponde a dizer que, a partir de agora, o próprio Estado deve esforçar-se para se tornar competitivo.

---

51. Observemos, todavia, que mesmo o regime dos Estados Unidos comporta importantes elementos de intervenção social na área da educação ou dos sistemas de saúde, por exemplo. Schumpeter considerava que o *New Deal* de Roosevelt já constituía um primeiro passo em direção ao socialismo! (N.A.)

Capítulo V

O CAPITALISMO E SEUS INIMIGOS

Depois do desaparecimento da União Soviética em 1991, a Guerra Fria, que havia oposto o Leste Europeu ao Oeste após 1945, se resolveu pela vitória decisiva do sistema capitalista. Na falta de um sistema alternativo que tenha credibilidade, seria possível pensar que o capitalismo não teria mais adversários. Nada poderia ser mais falso: se, conforme escreveu Lênin, "os fatos são obstinados", é necessário admitir que ideologias, preconceitos e sistemas de pensamento o são ainda mais.

Encontramos aqui o domínio do irracional, cuja natureza fora perfeitamente percebida por Schumpeter (1942) quando ele explicou, sem sentir o menor prazer nisso, que o capitalismo acabaria por ser vencido e substituído pelo socialismo, não por causa de suas derrotas, mas, ao contrário, em razão de seus sucessos. Os principais inimigos do capitalismo, segundo ele mesmo pensava, não se encontram entre as classes operárias, mas são recrutados entre os chamados "intelectuais", uma classe de eternos frustrados, pois, embora dotados de cultura, não detêm o poder. Trata-se de mentalidades essencialmente críticas, que prescrevem princípios morais, que transmitem lições e que enxergam sempre com maus olhos a burguesia, ainda mais porque a democracia, respeitosa da liberdade de expressão, sempre lhes deu ampla latitude para expor suas teses e para persuadi-los da iniquidade de um sistema ao qual devem sua situação privilegiada.

Longe de reconhecerem que foi o sistema capitalista que permitiu o imenso acúmulo de riquezas por ele engendrado, eles consideram os resultados do progresso econômico da economia de mercado como um fenômeno apenas natural. A própria evolução econômica, em razão do caráter cada vez mais abstrato que a preponderância dos mercados financeiros confere à economia, torna difícil para a burguesia opor seu próprio sistema de valores. Disso decorre a observação sarcástica de Schumpeter: "A Bolsa é um pobre substituto para o Santo Graal". O fato de que a burguesia se contenta com sua sorte não constitui um programa muito sedutor; ela se contenta em sobreviver e enriquecer, resolvendo os problemas práticos inerentes à gestão das economias de mercado. O capitalismo, de fato, não constitui um programa doutrinário, mas simplesmente um conjunto de procedimentos práticos, que não é exatamente adequado para exaltar os espíritos. Seria difícil imaginar um partido político que desfilasse pelas ruas das cidades proclamando em coro "Enriqueçam!", com o mesmo lema escrito em suas bandeiras!

A influência dos intelectuais é realmente inegável porque se encontra na origem dos maiores movimentos revolucionários, quer se trate da Revolução Francesa ou da Revolução Russa, que triunfaram devido a circunstâncias históricas em que a classe dominante não mais acreditava em seus próprios valores.

O desmoronamento do sistema soviético parece ter desmentido da forma mais clara possível as previsões de Schumpeter. Hoje, as economias socialistas somente sobrevivem na Birmânia (Myanmar), em Cuba e na Coreia do Norte; não obstante, os inimigos do capitalismo não se desarmaram. É interessante ver sobre quais argumentos e em que atitudes vitais eles fundamentam sua hostilidade. Somos assim levados a descrever a hostilidade doutrinal que se opõe ao capitalismo, sob as diversas formas de que se acha revestida. Além da troca de argumentos, podemos destacar a existência de uma hostilidade visceral cuja natureza tentaremos identificar.

O capitalismo frente a críticas racionais

Desde o século XIX, o capitalismo teve de enfrentar doutrinas que punham em causa sua legitimidade ou sua viabilidade. Todas elas se baseavam no socialismo em maior ou menor grau. Mais precisamente, é o marxismo que permanece a principal fonte de inspiração dessas críticas. Sem renegar a herança de Marx, as críticas contemporâneas manifestam-se sob outras formas; passaremos a descrever algumas delas. Seu traço comum é o de identificar o capitalismo com o que frequentemente é denominado de "capitalismo selvagem", fruto de uma ideologia que é classificada por eles como liberal, neoliberal ou ultraliberal.

Essa posição, no caso dos adversários do capitalismo que afirmam ser economistas, leva de fato a reunir na mesma condenação o capitalismo, como sistema de organização econômica e social, e a teoria econômica moderna. Segundo eles, esta é apenas a forma pretensamente científica da ideologia liberal. O núcleo dessa ideologia estaria na "teoria neoclássica". Por essa expressão entende-se a análise macroeconômica derivada da revolução marginalista da década de 1870.[52] Esse movimento teórico definitivamente destronou as teorias clássicas do valor do trabalho, dentre as quais a teoria de Marx foi o derradeiro avatar. Ainda hoje, a teoria macroeconômica, isto é, a parte da teoria que descreve os relacionamentos entre os grandes conjuntos agregados admite a validade da análise microeconômica marginalista como sistema explicativo dos comportamentos econômicos.[53]

Os adversários do capitalismo apresentam-se, portanto, como antiliberais e incluem em sua rejeição o essencial da teoria econômica moderna sob sua forma neoclássica. De fato, eles assimilam essa última a uma ideologia conservadora derivada do pensamento econômico "dominante", senão

---

52. A partir da análise dos fenômenos marginais (as pequenas variações nas quantidades de produção, no consumo etc) contidos na lei da oferta e da procura, o "marginalismo" enfatizou as tendências apresentadas pela economia de mercado ao estabelecimento de níveis de equilíbrio. Bastante adequado ao uso de métodos matemáticos, esse sistema favoreceu a formalização da teoria econômica. (N.T.)

53. Isso continua sendo verdadeiro, por mais que a análise microeconômica tenha evoluído desde a década de 1870. (N.A.)

o "pensamento único", o que lhe dá uma conotação sinistra, evocadora de ditaduras e de regimes totalitários. Alguns chegam ao ponto de denunciar uma "ditadura liberal" ou até mesmo um "liberalismo totalitário" ou ainda uma "ditadura dos mercados", uma contradição em termos que não cessa de surpreender, visto que os mercados, no final das contas, apenas traduzem as preferências desses milhares de eleitores que são os consumidores, os empresários e os acionistas. Registramos a seguir as críticas mais frequentes que eles dirigem aos economistas da "corrente dominante", esses "prepotentes" que propagam e defendem o "pensamento único".

O *Homo oeconomicus* – Em primeiro lugar, segundo dizem, a visão do homem imposta pelos economistas neoclássicos é uma visão truncada, a de um *Homo oeconomicus*, pura ficção que coloca em cena um robô ocupado em otimizar suas escolhas ao calcular o máximo de funções objetivas representativas de seu interesse pessoal. Esse ser ocupa-se unicamente consigo; seu horizonte limita-se a suas possibilidades de cálculo e não corresponde a nenhuma realidade observável. É um homem *unidimensional*, como diria Marcuse[54], cujas motivações complexas são reduzidas a uma só. Esse é um exemplo que demonstraria bem o caráter reducionista da teoria econômica dominante.

Essa crítica tão frequentemente lançada contra os economistas baseia-se, todavia, em um mal-entendido ou em uma caricatura. Os teóricos da microeconomia sabem muito bem que os homens não são puramente racionais e que suas escolhas obedecem a motivações múltiplas, dentre as quais as paixões, os caprichos e até mesmo as inconsequências não estão ausentes. Tudo o que eles têm necessidade de supor como um ponto de partida é que os homens são *capazes* de

---

54. Herbert Marcuse (1898-1979), filósofo norte-americano de origem judaico-alemã, combinou o marxismo com a psicanálise para desenvolver uma crítica ultrarradical da civilização industrial, especialmente em seus livros *Eros e civilização* (1955) e *O homem unidimensional* (1964). (N.T.)

raciocinar; então, entre suas múltiplas motivações, basta que figurem algumas de caráter econômico para que seja possível aos economistas prever de que maneira a tendência desta ou daquela variável econômica afetará o comportamento de determinado grupo humano. As pesquisas econométricas repousam precisamente sobre tais princípios, e os econometristas[55] não têm necessidade de sondar mentes e corações para fazer suas previsões.

As falhas do mercado – Outra crítica feita contra a análise microeconômica é a de que se baseia em visões muito simplificadoras da realidade, como a teoria do equilíbrio econômico geral ou a hipótese da concorrência pura e perfeita. Afirmam que isso significa esquecer todas as imperfeições e todas as falhas que afetam os mercados observáveis; nesse caso, as análises neoclássicas são apenas ficções formalizadas, cuja função é a de levar a crer que as economias de mercado tendem a realizar o equilíbrio e a produzir um efeito ótimo. Essas seriam teorias implicitamente normativas, porque dariam a entender que a economia de mercado corresponde ao melhor dos mundos possíveis.

Novamente, atribui-se aos teóricos uma ingenuidade e uma desonestidade intelectual que estão longe de ter. Foram eles os primeiros a analisar as falhas do mercado e precisamente a utilizar esses trabalhos para sugerir que em certos casos seria conveniente a intervenção corretiva do Estado (conforme o Capítulo IV). Quanto à existência de mercados em que não existe a livre concorrência, os primeiros estudos desse tipo foram realizados por economistas neoclássicos, e foram justamente essas análises que inspiraram as políticas antitruste e a criação de instituições destinadas a garantir as condições de uma concorrência prática.

É preciso ainda recordar que foram economistas neoclássicos, como Barone, Lange e Lerner, que aplicaram seus esquemas à hipótese de uma economia socialista para de-

---

55. Profissionais que adotam métodos de análise dos dados econômicos baseados nos princípios da estatística. (N.T.)

monstrar em que condições os cálculos econômicos seriam concebíveis dentro delas, pesquisas aliás que nunca resultaram em qualquer tentativa de aplicação pelos países chamados socialistas?

A globalização financeira – Também se vê com frequência uma acusação que não se dirige contra a teoria econômica dominante, mas sim contra as tendências observáveis no capitalismo contemporâneo. Trata-se dos supostos malefícios das finanças e da globalização. A financeirização da economia, um termo que se refere ao lugar preponderante adquirido pelos mercados financeiros, submeteria a economia "real" à ditadura do dinheiro e introduziria na evolução das atividades produtivas um elemento de instabilidade que nem sequer os governos conseguiriam administrar.

Em um sistema econômico de caráter mundial, os governos nacionais não mais dispõem de instrumentos de regulamentação à medida dos novos problemas: basta lembrar que os fluxos financeiros diários são cinquenta vezes mais importantes do que as transações realizadas sobre bens e serviços. Devido a essa situação, muitos fundos de aplicações privados (fundos de previdência privada, fundos de pensões, etc) possuem recursos superiores ao total das reservas dos bancos centrais; de fato, essas reservas não representam em seu total senão a metade do volume diário de transações no mercado de ações.

Ora, o perigo de instabilidade naturalmente existe, já que os operadores desses mercados internacionais realizam decisões arbitrárias muito rápidas e frequentemente muito arriscadas; seu comportamento tende a ser imitativo e a se "desprender" dos princípios fundamentais da economia. Desse modo, a especulação constituiria um perigo permanente para a economia real, porque sempre existe o risco de se formarem bolhas especulativas. Vários exemplos são citados, desde a falência do Banco Barings até as crises financeiras do México em 1994, da Tailândia em 1997 ou da Argentina e da Turquia em 2000 ou a crise das ações subpreferenciais em 2007 (conforme descrito no Capítulo II). A amplitude da crise atual parece confirmar a validade desses temores. Não esqueçamos, contudo, que a crise derivada do problema dos *subprimes* apresenta características originais com relação a todas as demais que a precederam. Empréstimos hipotecários muito elevados tinham sido concedidos a devedores de solvência duvidosa. As instituições financeiras acreditavam poder proteger-se através da titularização destes reconhecimentos de dívida, isto é, de sua transformação em valores negociáveis no mercado e da disseminação destes títulos em pacotes financeiros heterogêneos, as chamadas CDOs (*Collaterized Debt Obligations*, ou Obrigações de Dívida Colateralizadas). Estas CDOs eram autorizadas pelos melhores avalizadores, mas sua composição era opaca; incluíam títulos de diferentes graus de risco e acabaram distribuídas nos ativos de todas as instituições financeiras do planeta. Na prática, tratavam-se de "ativos podres". De fato, toda essa montagem repousava sobre uma avaliação muito ruim dos riscos incorridos, porque sua base inicial consistia, em última análise, de créditos concedidos a pessoas que seriam incapazes de reembolsá-los. Formou-se assim uma bolha imobiliária. Tão logo ela explodiu, assistiu-se a um número dramático de casos de inadimplências, não somente entre os tomadores dos empréstimos originais, mas também de parte das instituições financeiras que se viram abarrotadas de residências invendáveis e/ou de títulos sem valor. Esse encadeamento de dramas financeiros foi possibilitado pela desregulamentação financeira realizada durante a administração Clinton (1993-2001) com as melhores intenções do mundo. Na origem, a ideia era permitir aos pobres adquirirem a propriedade de suas moradias. Estamos em presença de um belo exemplo de perversão dos efeitos. Será necessário restabelecer regulamentos financeiros muito mais exigentes.

A singularidade e o caráter excepcional destes acontecimentos nos impõem certamente o aprendizado de uma lição para o futuro. Porém, não se justifica considerar tais eventos como naturais dentro do funcionamento da economia de mercado. Foram cometidos erros graves. A comunidade financeira mundial terá se esforçar para que esse tipo de erro não seja repetido.

A tendência de se passar da crise atual para uma condenação geral do liberalismo e da economia de mercado nada mais é do que a tradução, em realidade, da presença de reflexos instintivos que repousam sobre fundamentos irracionais. Ainda será necessário identificar a sua natureza.

Um anticapitalismo visceral?

A questão pode ser apresentada nos seguintes termos: a grande violência demonstrada fisicamente ou por meio de palavras venenosas a cada vez que essa hostilidade tem ocasião de se manifestar traduz claramente um posicionamento passional. As suas manifestações são múltiplas e explodem em muitos países sob os pretextos mais diversos. Podemos citar vários exemplos dignos de nota, sem que seja necessário fazer uma resenha exaustiva.

As grandes reuniões internacionais realizadas a partir de 1999, como a da Organização Mundial do Comércio em Seattle, a do Fórum de Davos ou mesmo as reuniões do Fundo Monetário Internacional ou do Banco Mundial, além de algumas conferências de cúpula europeias (como a de Nice em 2000) são inevitavelmente animadas por manifestações pitorescas, embora algumas vezes bastante violentas, cujas palavras de ordem são variadas: ora é uma manifestação contra o desemprego, ora contra a poluição, ora contra a energia nuclear, ora em favor dos imigrantes clandestinos, ora pelo direito à moradia gratuita, ora contra as cadeias de *fast food*. Algumas organizações não governamentais não perdem essas ocasiões para chamar a atenção do público, e todos esses componentes, por mais heterogêneos que sejam, intervêm simultaneamente. Os alvos mais comuns de seus ataques são o "rei dinheiro", o lucro, a agricultura mecanizada, a energia nuclear, a globalização, a ideologia "neoliberal", o poder opressor dos Estados Unidos e de seus asseclas, ou seja, o Fundo Monetário Internacional, o Banco Mundial e a Organização Mundial do Comércio. Além do terceiro-mundismo, o antiamericanismo conserva, em todos esses movimentos disparatados, um lugar central: são vários os que sonham em prosseguir de forma ideológica a Guerra Fria contra os Estados Unidos, a qual os países que antigamente se chamavam de socialistas não têm mais condições de combater.

Entre outras singularidades desses movimentos, é surpreendente constatar que a ecologia tornou-se uma máquina de guerra contra o capitalismo. De fato, a ecologia só foi levada a sério nos países capitalistas. Os países da área do "socialismo real" eram os maiores poluidores do planeta, por uma razão muito simples: neles não existia uma opinião pública que pudesse manifestar-se e constituir um contrapeso ao poder do Partido. Durante esse tempo, organizações como a Greenpeace reservavam suas flechas para os países ocidentais. Entre os protestantes mais eloquentes, figuram os sindicatos franceses do setor público e do funcionalismo. Sempre se soube que, na França, estes eram tradicionalmente hostis ao liberalismo e, de uma forma mais genérica, ao capitalismo, cujos interesses eles afirmam ser defendidos agora pelos liberais. Naturalmente, poucos movimentos ainda se declaram comunistas, mas o naufrágio desse sistema deixou órfãos inconsoláveis: o antiliberalismo é seu mais sólido cimento intelectual.

Essa hostilidade contra o liberalismo é extremamente paradoxal, se a examinamos com mais cuidado. Foram os liberais que desde a origem constituíram uma força de progresso e de emancipação em relação aos partidos conservadores dos séculos XVIII e XIX. O liberalismo nasceu a partir das ideias dos filósofos iluministas. Isso é evidente em termos políticos, mas não o é menos em termos econômicos e sociais. Acima de tudo, a abolição da escravatura, os grandes progressos realizados na legislação trabalhista e a legalização dos sindicatos foram iniciativa de políticos de inspiração liberal. Os próprios serviços de seguridade social devem sua criação a homens como Bismarck, Beveridge e Pierre Laroque, nenhum deles inspirado por doutrinas socialistas.[56] Portanto, é muito surpreendente que a simples palavra "liberal" seja hoje associada àquilo que o conservadorismo possa defender de mais impiedoso e de mais desumano. Para explicar tal paradoxo, provavelmente teremos de chamar a atenção para duas ilusões comuns: a ilusão das boas intenções e a ilusão da vontade.

As boas intenções – Não faltam intelectuais prestigiosos e autoridades religiosas que coloquem lado a lado os sistemas totalitários e o sistema capitalista. A condenação dos sistemas totalitários é inegável: os horrores que se cometeram sob sua inspiração durante o século XX ainda suscitam uma indignação legítima.

Ao contrário, podemos interrogar o que justifica a reprovação moral de que o capitalismo é objeto. Existe razão para imputar-lhe a responsabilidade por quaisquer imensos crimes históricos? Nenhum dos grandes massacres que transcorreu no século XX pode ser imputado a ele. Foram tanto as ideologias comunistas quanto as nacional-socialistas que se encarnaram em sistemas totalitários que eram profundamente estranhos ao capitalismo e que, de fato, tinham-no por alvo. Na sua conta, ao contrário, podemos colocar a elevação sem precedentes do nível de vida de vastas populações. É difícil reler sem um sorriso o que escreveu Marx no final de seu *Manifesto*, com a intenção de exortar os proletários a fazer a revolução: "A única coisa que os proletários têm a perder são suas correntes" (1848).

Marx certamente foi bastante lúcido em sua análise da realidade da Revolução Industrial, mas o próprio espírito da "dominação burguesa" inspirava-lhe uma profunda revulsão que, mais tarde, veio a ser partilhada por muitas pessoas que não se reconhecem como marxistas: "Em toda parte em que ela (a burguesia) veio a dominar, destruiu todas as condições

---

56. Bismarck era conservador e William Beveridge pertencia ao Partido Liberal. A ação de Pierre Laroque foi a de um grande defensor do Estado, fora de qualquer aliança política. (N.A.)

feudais, patriarcais e idílicas. Impiedosamente, ela dilacerou os laços multicores que prendiam os homens a seus superiores naturais, não permitindo que subsistissem entre os homens outros laços que não fossem o lucro desnudo, o gélido 'pagamento contábil'. Os misticismos sagrados, os fervores religiosos, os entusiasmos cavalheirescos [...], tudo isso ela afogou sob a água glacial dos cálculos egoístas" (*ibidem*, p. 163-164).

Reconhecemos nessas linhas, entre as mais brilhantes jamais escritas por Marx, o horror que já havia inspirado a Virgílio a *auri sacra fames*[57], isto é, o amor ao dinheiro e aos lucros. Esse é um tema constantemente retomado pelos pregadores religiosos e pelos oradores políticos; eles desonram e combatem, sob o termo "dinheiro", o amor imoderado pelos bens materiais, o egoísmo e, mais genericamente, o individualismo que se desinteressa pelos valores coletivos.

Esta é uma posição bastante respeitável, à qual só podemos endereçar duas críticas.

Em primeiro lugar, é extremamente injusto reduzir o capitalismo ao estado de uma máquina devotada à produção de bens e de serviços, sem nenhuma preocupação ética. Bem ao contrário, já demonstramos (Capítulo III) que existem ligações estreitas entre o capitalismo e os valores da liberdade, a tal ponto que o capitalismo não pode funcionar corretamente fora de um sistema democrático, e que um sistema democrático implica necessariamente o exercício das liberdades econômicas, ou seja, do capitalismo. Já vimos com detalhes que o estado de direito não pode manter-se sem o respeito das leis pelos cidadãos; esse respeito significa que os cidadãos aceitam implicitamente, em sua maioria, conformar-se com determinadas normas éticas, tais como o respeito da pessoa e dos bens de outrem, a manutenção da palavra dada e a recusa da corrupção. Não se trata simplesmente de regras jurídicas, mas sim de regras morais. Se não fossem apoiadas pelas pessoas ou, ao menos, pela imensa maioria

---

57. Expressão latina que significa "a fome sagrada do ouro". (N.T.)

delas, seria necessário colocar um policial e um juiz atrás de cada cidadão.

Por outro lado, essa condenação moral do capitalismo repousa sobre um contrassenso fundamental da análise das ações humanas realizada pelos economistas. O erro consiste em julgar uma ação não por seus efeitos, mas pela natureza das intenções que a inspiram. As boas intenções... A estrada para o inferno é pavimentada com elas. Com as melhores intenções do mundo, podemos provocar catástrofes – e foi precisamente este o efeito do comunismo ao longo do século XX. De maneira inversa, não só não é necessariamente criminoso preocupar-se com o interesse próprio, como a concorrência de vendedores e de compradores, em que cada um busca sua vantagem individual, pode muito bem produzir um resultado global satisfatório. A metáfora da mão invisível, criada por Adam Smith, da qual é moda fazer troça hoje, tinha justamente o mérito de distinguir entre o domínio da moral e o âmbito das interações econômicas.

Devemos inclusive estender essa reflexão para todas as interações sociais: nenhuma ciência social seria possível se não admitíssemos de saída que é necessário distinguir entre as intenções e os resultados. Essa distinção é indispensável porque a liberdade de cada um é limitada pela liberdade alheia: os efeitos perversos, isto é, não intencionais, das ações políticas seriam incompreensíveis se encarados de qualquer outra forma. Trata-se, em suma, de um fenômeno sistêmico, já que um sistema nunca passa de um conjunto de variáveis interdependentes. É justamente por isso que a boa vontade dos governos mais bem-intencionados acaba por se demonstrar limitada.

As ilusões da vontade – Uma tentação intelectual evidente, que não contribuiu em nada para a formação da economia, é acreditar que basta querer e comandar para resolver os problemas. Nos países que viveram por muito tempo em um sistema de economia dirigida, essa tentação torna-se simplesmente irresistível. Os preços tendem a inflacionar?

Vamos tabelar os preços. Os valores dos aluguéis estão subindo além do alcance das famílias mais modestas? Vamos decretar um bloqueio dos aumentos ou uma bolsa-aluguel. Existe desemprego? O governo criará autoritariamente empregos públicos, ou determinará a divisão dos empregos existentes, a fim de que todos possam ter trabalho, ou então proibirá, pura e simplesmente, as demissões. Se o número de pobres for considerado grande demais, se encontrará dinheiro "onde ele estiver", ou seja, entre as famílias remediadas, nas empresas lucrativas, ou se tirará daqueles capitalistas "que enriquecem dormindo". Infelizmente, esses exemplos não são caricaturais. Cada um deles recorda medidas que já foram tomadas – ou que, no mínimo, vêm sendo recomendadas – nesta ou naquela época, em um país ou em outro. Segundo a maneira de pensar de boa parte do público em geral, correspondem a demonstrações de bom senso.

Novamente, isso não passa de uma ilusão: cada uma das medidas antes mencionadas provoca efeitos perversos. O controle dos preços asfixia as empresas, faz desaparecer os produtos do mercado e favorece o desenvolvimento do mercado negro. O bloqueio dos aluguéis desequilibra o mercado imobiliário e gera nesse setor deficiências crônicas que podem durar por muito tempo. A criação sistemática de empregos no setor não comercial torna mais pesadas as finanças públicas, sobretudo quando cada assalariado que o governo recruta tem estabilidade por trinta anos. A partilha dos empregos pode criar, em um primeiro momento, a ilusão de que outros empregos estão sendo criados; porém, a longo prazo, exerce efeitos negativos sob a forma de desequilíbrios nos benefícios sociais (aposentadorias e seguros de saúde, por exemplo) ou nas finanças públicas, acabando por se demonstrar um obstáculo ao crescimento. Dificultar as demissões leva os empresários a contratar menos e a fazer aplicações com seu capital. Quanto às sangrias fiscais operadas nas empresas ou através de confisco da poupança dos contribuintes, elas induzem a médio prazo a transferência das empresas de capitais ou mesmo de indivíduos para outros países, pois não se pode mais esquecer que se trata de um contexto de concorrência internacional em que os agentes econômicos são perfeitamente capazes de estabelecer comparações.

No fundo, os principais inimigos do capitalismo são, em primeiro lugar, um certo medo da liberdade, ou seja, uma séria aversão pelo risco de tomar decisões. Para muitos, o Estado continua sendo considerado como "o protetor final", isto é, uma espécie de seguro contra todos os riscos. A ideologia e a falta de cultura econômica apenas reforçam essa atitude covarde.

Em segundo lugar, a aspiração à justiça social manifesta-se muitas vezes sob a forma de um igualitarismo e de uma tendência firme para desejar a redistribuição dos bens alheios. Os políticos estão preocupados demais na reeleição para esclarecerem a opinião pública, isso supondo que eles próprios tenham uma visão clara da situação. Existe nesse processo algo de extremamente insatisfatório, porque todas as medidas politicamente mais rentáveis são as de resultados a curto prazo, ao mesmo tempo em que seus efeitos perversos só se farão sentir a médio e longo prazo. Na busca do interesse imediato, os políticos preferem deixar a massa dos eleitores na tranquilidade de suas ilusões. Se acreditássemos na capacidade dos seres humanos de aprender com a experiência e com a abertura do espírito para o mundo que os rodeia, boa parte da hostilidade de que o capitalismo hoje é alvo *deveria* dar lugar a um julgamento mais objetivo nos anos vindouros. Entretanto, o melhor é não termos ilusões: os obstáculos políticos a superar serão indubitavelmente muito difíceis. Em cada país, somente o espetáculo da evolução do mundo exterior terá finalmente o efeito de esclarecer as mentalidades.[58]

---

58. A respeito de todos esses pontos, ver Éric Le Boucher (2005), 4ª Parte, Capítulo 5. (N.A.)

Conclusão

Schumpeter perdeu a aposta. Apesar da coerência de um sistema em que o regime político de partido único e uma polícia política particularmente eficiente pareciam prometer um longo futuro, tornou-se evidente, desde a década de 1970, que as economias socialistas do Leste europeu já estavam quase sem fôlego, tanto na produção civil, de onde jamais saiu qualquer inovação, quanto no complexo militar-industrial, que logo se demonstrou totalmente incapaz de responder ao desafio lançado pelos Estados Unidos através do conceito da "Guerra nas Estrelas". Durante esse tempo, as economias capitalistas conseguiram superar os obstáculos que dois choques petroleiros sucessivos haviam colocado em seu caminho. A partir do momento em que Gorbatchev, a partir de 1985, tentou reformar o sistema socialista em alguns setores essenciais, o conjunto desmoronou e a União Soviética acabou por desaparecer do mapa em 1991.

A causa disso parece compreensível: o capitalismo triunfou, e não se imagina agora que tipo de sistema rival lhe possa ser oposto. Seria este, segundo a fórmula do norte-americano Francis Fukuyama, "o fim da História"? Haveria até a tentação de acreditar nisso, caso a História pudesse ser limitada à economia. Contudo, a atualidade recorda-nos que os conflitos que se manifestam no mundo na maioria das vezes tiveram também outras causas, sejam elas religiosas, ideológicas, nacionalistas ou étnicas. Mesmo no que se refere à economia, podemos sustentar (Michel Albert, 1991) que hoje dois modelos capitalistas estão em oposição: o modelo "anglo-saxão" e o modelo "renano". Esse último corresponde ao que é adotado, de modo geral, não só pela Alemanha, mas também pela França e pela maior parte dos países da Europa Ocidental. Trata-se, em suma, da social-democracia, um regime político e econômico caracterizado por uma combinação de economia de mercado com uma forte dose de intervenção do Estado, mediante a alegação de objetivos de redistribuição fiscal e proteção social.

No decorrer dos últimos dez anos, o modelo renano perdeu muito de seu prestígio. Assistiu-se a uma desregulamentação crescente das atividades financeiras em suas principais praças, a saber, Nova York e Londres. O progresso da globalização reforçou a interdependência financeira entre as nações. Observou-se igualmente uma retração progressiva do Estado com relação às atividades de produção nos setores sujeitos a concorrência – movimento que foi descrito anteriormente (capítulo IV). Em resumo, parecia que o modelo anglo-saxão havia superado o modelo renano.

Esta retomada de prestígio do modelo anglo-saxão se demonstrou principalmente no âmbito das políticas de estabilização conjuntural, por meio de um abandono das políticas de inspiração keynesiana. A política da oferta se tornou muito mais importante que a política da procura. Os níveis de ação governamental consistiam muito mais na administração do instrumento monetário do que em uma política orçamentária ativa. Isso pareceu significar um sucesso além de todas as expectativas para a economia norte-americana, que entre 1992 e 2000 passou por um nível de crescimento sem precedentes, atingindo em 1999 uma taxa de desemprego de 4,2% – em outras palavras, o pleno emprego.

A influência do modelo norte-americano se estendeu à gestão das empresas. A globalização financeira obrigou realmente as empresas europeias, particularmente as sociedades de capital aberto, a adotar as normas contábeis, os métodos de prestação de contas e a política de comunicação financeira utilizada nos Estados Unidos. Até mesmo os critérios administrativos foram fortemente influenciados pelas práticas norte-americanas.

Tudo isso foi posto em questão pela crise desencadeada nos Estados Unidos em 2008. O fenômeno mais espetacular e mais significativo foram as medidas tomadas para escapar à crise estrutural que ameaçava todo o sistema bancário. O governo norte-americano, reagindo conforme cada caso, veio em socorro de algumas das principais instituições financeiras do país, com a notável exceção do Banco Lehman Brothers. A falência deste estabelecimento desencadeou um pânico planetário, muito próximo de uma crise sistêmica, da qual a economia mundial só escapou graças à intervenção de dois dirigentes europeus (Gordon Brown e Nicolas Sarkozy), que tomaram as medidas necessárias para restabelecer a confiança no sistema bancário, possibilitando o auxílio do Estado em variados procedimentos. O socorro consistiu, dependendo do caso, em garantir aos estabelecimentos ameaçados o pagamento dos empréstimos consentidos ou mesmo na recapitalização total ou parcial das instituições em dificuldade, que passaram a contar com a participação do Estado em seu capital. Na prática, isto conduziu a nacionalizações parciais ou totais, mesmo que tenham sido consideradas apenas provisórias. Essas medidas foram tomadas num contexto de concordância internacional estabelecida durante as reuniões do G20. Em resumo, o Estado veio em socorro das finanças porque seu aval, a partir de então, era o único que ainda merecia confiança.

A ação dos governos não parou por aí. Para organizar a saída da crise e para impedir que abalos semelhantes viessem a se repetir, os governos estenderam suas ações em duas direções. Em primeiro lugar, cada governo empreendeu planos emergenciais, segundo os meios de que dispunha e no mais puro estilo keynesiano. Por outro lado, estudam-se reformas importantes nas regulamentações financeiras. Pretende-se, por exemplo, restabelecer certos compartimentos que tinham sido abolidos pela administração Clinton, separando os campos de ação dos bancos comerciais, dos bancos de investimentos e das companhias de seguros. O estatuto das agências de fiscalização financeira será provavelmente modificado, do mesmo modo que certas normas contábeis. Também é provável que sejam introduzidas modificações nas condições de remuneração dos operadores financeiros, de tal modo que eles se sintam menos inclinados a assumir riscos irrefletidos na gestão dos fundos que lhes são confiados.

Mas não nos enganemos. As reformas que estão sendo estudadas são contrárias a um bom número dos métodos de trabalho que caracterizam o funcionamento das bolsas de Nova York e de Londres. A administração Obama terá de realizar uma verdadeira revolução política. Precisará enfrentar forte resistência da parte dos administradores que buscarão retomar seus hábitos costumeiros. Seja como for, está bem claro que o que se encontra hoje em questão é a supremacia do modelo econômico anglo-saxão. A crise atual, qualquer que venha a ser o seu resultado, provavelmente causará mudanças profundas na organização financeira dos mercados mundiais. Contudo, trata-se de uma crise *dentro* do capitalismo e não *do* capitalismo.

Estamos dizendo então que, a partir de agora, todos os países industrializados observarão as mesmas normas e que praticamente mais nada poderá distinguir os países que adotam o "capitalismo renano" da economia americana? Isso será muito pouco provável: o sistema econômico de um país não resulta apenas, nem sequer principalmente, do jogo de fatores econômicos. Suas instituições foram elaboradas ao longo do tempo por uma grande quantidade de tradições e de normas coletivas, muitas delas não escritas. Os países da União Europeia já são bastante diferentes uns dos outros, o que não os impediu de se submeterem a regras conjuntas. Falar de um "modelo europeu", entendendo-se por isso que estamos lidando com países que são fundamentalmente social-democracias, constitui uma grande simplificação.

Com isso, voltamos a dizer que os países capitalistas são essencialmente diferentes uns dos outros. Certamente, eles tendem a reduzir suas diferenças e até mesmo, considerados em seu conjunto, a se aproximar de certos traços característicos do sistema norte-americano, mas nem por isso eles serão obrigados a recorrer a esquemas idênticos. Em particular, eles conservarão, provavelmente em suas características essenciais, os sistemas de proteção social a que já estão acostumados. É evidente que um país pode tornar-se competitivo sem ser obrigado a se alinhar totalmente às medidas econômicas que estão sendo executadas por seus parceiros, pois suas vantagens relativas derivam de múltiplos fatores, e não só do peso de seu sistema fiscal e de seus encargos sociais.

Entretanto, apesar de sua diversidade, os países da Europa, da América e da Ásia conservam em comum um número suficiente de características fundamentais no funcionamento de sua economia para que estejamos no direito de englobá-los no mesmo sistema. Se for assim, *o capitalismo* se tornará a forma econômica dominante de nossa modernidade.

BIBLIOGRAFIA

As obras assinaladas por um asterisco são particularmente recomendadas para uma iniciação ao assunto.

*ALBERT, Michel. *Capitalisme contre capitalisme*. Paris: Éditions du Seuil, 1991.

ARTUS, Patrick; VIRARD, Marie-Paule. *Le capitalisme est-il en train de s'autodétruire?*. Paris: La Découverte, 2005.

BAIROCH, Paul. *Mythes et paradoxes de l'histoire économique*. Tradução e posfácio de Jean-Charles Asselain. Paris: La Découverte, 1994.

*BAIROCH, Paul. *Victoires et déboires: histoire économique et sociale du monde du XVIe siècle à nos jours*. Paris: Gallimard, 1997. 3 v.

*BIENAYMÉ, Alain. *Le capitalisme adulte*. Paris: PUF, 1992.

*BRAUDEL, Fernand. *Civilisation matérielle, économie et capitalisme, XVe-XVIIIe siécle*. Paris: Armand Colin, 1979. 3 v.

BUCHANAN, J. M.; TOLLISON, G. *The Theory of Public Choice*. Ann Arbor: University of Michigan Press, 1972.

CAPRASSE, Jean-Nicolas; NOTHOMB, Pierre (1998). Évolution du "corporate governance" en Europe: étude comparative. *Reflets et perspectives de la vie économique*, 3º trimestre, reproduzida em *Problèmes économiques*, n. 2606, 1999.

*CARON, François. *Le résistible déclin des nations industrielles*. Paris: Perrin, 1985.

*_____. *Les deux révolutions industrielles du XXe siècle*. Paris: Albin Michel, 1997. (L'évolution de l'humanité).

CIPOLLA, Carlo. *Before the Industrial Revolution: European Society and Economy, 1000-1700*. Londres: Methuen & Co. Ltd., 1976.

COASE, Ronald Henry. The Problem of Social Cost. *Journal of Law and Economics*, outubro, 1960.

*COHEN, Daniel. *Nos temps modernes*. Paris: Flammarion, 1999.

COHEN, Élie. *Le nouvel âge du capitalisme*. Paris: Fayard, 2005.

*CROUZET, François. *Histoire de l'économie européenne 1000-2000*. Paris: Albin Michel, 2000.

*DANIEL, Jean-Marc. *La politique économique*. Paris: PUF, 2008. (Que sais-je?).

*DRANCOURT, Michel. *Leçons d'histoire sur l'Enterprise de l'Antiquité à nos jours*. Paris: PUF, 1998. (Major).

GALBRAITH, John Kennedy. *The New Industrial State*. Boston: Houghton-Mifflin, 1967.

GIMPEL, Jean. *La révolution industrielle du Moyen Age*. Paris: Éditions du Seuil, 1975.

*GUESNERIE, Roger. *L'économie de marche*. Paris: Flammarion, 1996. (Dominos).

*HAYEK, Friedrich August von (1944). *La route de la servitude*. Tradução de Georges Blumberg. 2. ed. Paris: PUF, 1993. (Quadrige).

HIRSCHMAN, Albert Otto. *The Strategy of Economic Development*. New Haven: Yale University Press, 1958.

JESSUA, Claude. *Histoire de la théorie économique*. Paris: PUF, 1991.

*LANDES, David Saul. *L'Europe technicienne*. Paris: Gallimard, 1975.

*_____. *Richesse et pauvreté des nations*. Paris: Albin Michel, 2000.

LE BOUCHER, Eric. *Économiquement incorrect*. Paris: Grasset, 2005.

MADDISON, Angus. *Phases of Capitalist Development*. Oxford: Oxford University Press, 1982.

*_____. *L'économie mondiale, 1820-1992. Analyse et statistiques*. Paris: OCDE, 1995.

*_____. *L'économie mondiale. Une perspective millénaire*. Paris: OCDE, 2001.

Marx, Karl. *Le manifeste communiste*. Tradução de Maximilien Rubel. In: *Oeuvres économiques*. Paris: Gallimard, 1963. (La Pléiade, v. 1).

Mougeot, Michel. *Économie du secteur public*. Paris: Economica, 1989.

Musgrave, Richard Abel. *The Theory of Public Finance*. New York: McGraw-Hill, 1979.

North, Douglass Cecil; Thomas, Robert Paul. *The Rise of the Western World: A New Economic History*. Cambridge: Cambridge University Press, 1973.

*Pondaven, Claude. *Économie des administrations publiques*. Paris: Cujas, 1995.

*Rioux, Jean-Pierre. *La révolution industrielle, 1780-1880*. Paris: Éditions du Seuil, 1971.

*Salin, Pascal. *La concurrence*. Paris: PUF, 1995. (Que sais-je?, n. 1063).

Schumpeter, Josef Alois (1912). *Théorie de l'évolution économique*. Tradução francesa com introdução de François Perroux. Paris: Dalloz, 1935.

_____. (1918). *Die Krise der Steuerstaates*. Tradução francesa de *La crise de l'État fiscal*, publicada em *Impérialisme et classes sociales* com apresentação de Jean-Claude Passeron. Paris: Flammarion, 1984. (Champs).

_____. *Business Cycles: A Theoretical, Historical, and Statistical Analysis of the Capitalist Process*. New York: MacGraw-Hill, 1939. v. 2.

*_____. (1942), *Capitalisme, socialisme et démocratie*. Paris: Payot, 1951.

*Simmonot, Philippe. *39 leçons d'économie contemporaine*. Paris: Gallimard, 1998. (Folio).

Valéry, Nicholas. Innovation in Industry. *The Economist*, 20 de fevereiro, 1999.

*Verley, Patrick. *La révolution industrielle*. Paris: Gallimard, 1997. (Folio-Histoire).

Weber, Luc. *L'analyse économique des dépenses publiques*. Paris: PUF, 1978.

_____. *L'État, acteur économique: analyse économique du role de l'État*. 2. ed. Paris: Economica, 1991.

WEBER, Max (1904). *L'éthique protestante et l'esprit du capitalisme*. Tradução e apresentação de Isabelle Kalinowski. Paris: Flammarion, 2000. (Champs).

WOODALL, Pam. The Hitchhiker's Guide to Cybernomics. *The Economist*, 28 de setembro, 1996.

_____. Untangling e-economics. *The Economist*, 23 de setembro, 2000.

Sobre o autor

Claude Jessua é professor emérito da Universidade Panthéon-Assas (Paris II), autor de *Histoire de la théorie économique* e organizador do *Dictionnaire des sciences économiques.*

Coleção **L&PM** POCKET (Lançamentos mais recentes)

467. **Rango** – Edgar Vasques
468(8). **Dieta mediterrânea** – Dr. Fernando Lucchese e José Antonio Pinheiro Machado
469. **Radicci 5** – Iotti
470. **Pequenos pássaros** – Anaïs Nin
471. **Guia prático do Português correto – vol.3** – Cláudio Moreno
472. **Atire no pianista** – David Goodis
473. **Antologia Poética** – García Lorca
474. **Alexandre e César** – Plutarco
475. **Uma espiã na casa do amor** – Anaïs Nin
476. **A gorda do Tiki Bar** – Dalton Trevisan
477. **Garfield um gato de peso (3)** – Jim Davis
478. **Canibais** – David Coimbra
479. **A arte de escrever** – Arthur Schopenhauer
480. **Pinóquio** – Carlo Collodi
481. **Misto-quente** – Bukowski
482. **A lua na sarjeta** – David Goodis
483. **O melhor do Recruta Zero (1)** – Mort Walker
484. **Aline: TPM – tensão pré-monstrual (2)** – Adão Iturrusgarai
485. **Sermões do Padre Antonio Vieira**
486. **Garfield numa boa (4)** – Jim Davis
487. **Mensagem** – Fernando Pessoa
488. **Vendeta** *seguido de* **A paz conjugal** – Balzac
489. **Poemas de Alberto Caeiro** – Fernando Pessoa
490. **Ferragus** – Honoré de Balzac
491. **A duquesa de Langeais** – Honoré de Balzac
492. **A menina dos olhos de ouro** – Honoré de Balzac
493. **O lírio do vale** – Honoré de Balzac
497. **A noite das bruxas** – Agatha Christie
498. **Um passe de mágica** – Agatha Christie
499. **Nêmesis** – Agatha Christie
500. **Esboço de uma teoria das emoções** – Sartre
501. **Renda básica de cidadania** – Eduardo Suplicy
502(1). **Pílulas para viver melhor** – Dr. Lucchese
503(2). **Pílulas para prolongar a juventude** – Dr. Lucchese
504(3). **Desembarcando o diabetes** – Dr. Lucchese
505(4). **Desembarcando o sedentarismo** – Dr. Fernando Lucchese e Cláudio Castro
506(5). **Desembarcando a hipertensão** – Dr. Lucchese
507(6). **Desembarcando o colesterol** – Dr. Fernando Lucchese e Fernanda Lucchese
508. **Estudos de mulher** – Balzac
509. **O terceiro tira** – Flann O'Brien
510. **100 receitas de aves e ovos** – J. A. P. Machado
511. **Garfield em toneladas de diversão (5)** – Jim Davis
512. **Trem-bala** – Martha Medeiros
513. **Os cães ladram** – Truman Capote
514. **O Kama Sutra de Vatsyayana**
515. **O crime do Padre Amaro** – Eça de Queiroz
516. **Odes de Ricardo Reis** – Fernando Pessoa
517. **O inverno da nossa desesperança** – Steinbeck
518. **Piratas do Tietê (1)** – Laerte
519. **Rê Bordosa: do começo ao fim** – Angeli
520. **O Harlem é escuro** – Chester Himes
522. **Eugénie Grandet** – Balzac
523. **O último magnata** – F. Scott Fitzgerald
524. **Carol** – Patricia Highsmith
525. **100 receitas de patisseria** – Sílvio Lancellotti
527. **Tristessa** – Jack Kerouac
528. **O diamante do tamanho do Ritz** – F. Scott Fitzgerald
529. **As melhores histórias de Sherlock Holmes** – Arthur Conan Doyle
530. **Cartas a um jovem poeta** – Rilke
532. **O misterioso sr. Quin** – Agatha Christie
533. **Os analectos** – Confúcio
536. **Ascensão e queda de César Birotteau** – Balzac
537. **Sexta-feira negra** – David Goodis
538. **Ora bolas – O humor de Mario Quintana** – Juarez Fonseca
539. **Longe daqui aqui mesmo** – Antonio Bivar
540. **É fácil matar** – Agatha Christie
541. **O pai Goriot** – Balzac
542. **Brasil, um país do futuro** – Stefan Zweig
543. **O processo** – Kafka
544. **O melhor de Hagar 4** – Dik Browne
545. **Por que não pediram a Evans?** – Agatha Christie
546. **Fanny Hill** – John Cleland
547. **O gato por dentro** – William S. Burroughs
548. **Sobre a brevidade da vida** – Sêneca
549. **Geraldão (1)** – Glauco
550. **Piratas do Tietê (2)** – Laerte
551. **Pagando o pato** – Ciça
552. **Garfield de bom humor (6)** – Jim Davis
553. **Conhece o Mário?** vol.1 – Santiago
554. **Radicci 6** – Iotti
555. **Os subterrâneos** – Jack Kerouac
556(1). **Balzac** – François Taillandier
557(2). **Modigliani** – Christian Parisot
558(3). **Kafka** – Gérard-Georges Lemaire
559(4). **Júlio César** – Joël Schmidt
560. **Receitas da família** – J. A. Pinheiro Machado
561. **Boas maneiras à mesa** – Celia Ribeiro
562(9). **Filhos sadios, pais felizes** – R. Pagnoncelli
563(10). **Fatos & mitos** – Dr. Fernando Lucchese
564. **Ménage à trois** – Paula Taitelbaum
565. **Mulheres!** – David Coimbra
566. **Poemas de Álvaro de Campos** – Fernando Pessoa
567. **Medo e outras histórias** – Stefan Zweig
568. **Snoopy e sua turma (1)** – Schulz
569. **Piadas para sempre (1)** – Visconde da Casa Verde
570. **O alvo móvel** – Ross Macdonald
571. **O melhor do Recruta Zero (2)** – Mort Walker
572. **Um sonho americano** – Norman Mailer

573. **Os broncos também amam** – Angeli
574. **Crônica de um amor louco** – Bukowski
575(5). **Freud** – René Major e Chantal Talagrand
576(6). **Picasso** – Gilles Plazy
577(7). **Gandhi** – Christine Jordis
578. **A tumba** – H. P. Lovecraft
579. **O príncipe e o mendigo** – Mark Twain
580. **Garfield, um charme de gato (7)** – Jim Davis
581. **Ilusões perdidas** – Balzac
582. **Esplendores e misérias das cortesãs** – Balzac
583. **Walter Ego** – Angeli
584. **Striptiras (1)** – Laerte
585. **Fagundes: um puxa-saco de mão cheia** – Laerte
586. **Depois do último trem** – Josué Guimarães
587. **Ricardo III** – Shakespeare
588. **Dona Anja** – Josué Guimarães
589. **24 horas na vida de uma mulher** – Stefan Zweig
590. **Mulher no escuro** – Dashiell Hammett
591. **No que acredito** – Bertrand Russell
592. **Odisseia (1): Telemaquia** – Homero
593. **O cavalo cego** – Josué Guimarães
594. **Henrique V** – Shakespeare
595. **Fabulário geral do delírio cotidiano** – Bukowski
596. **Tiros na noite 1: A mulher do bandido** – Dashiell Hammett
597. **Snoopy em Feliz Dia dos Namorados! (2)** – Schulz
598. **Crime e castigo** – Dostoiévski
600. **Mistério no Caribe** – Agatha Christie
601. **Odisseia (2): Regresso** – Homero
602. **Piadas para sempre (2)** – Visconde da Casa Verde
603. **À sombra do vulcão** – Malcolm Lowry
604. **Kerouac** – Yves Buin
605(8). **E agora são cinzas** – Angeli
606. **As mil e uma noites** – Paulo Caruso
607. **Um assassino entre nós** – Ruth Rendell
608. **Crack-up** – F. Scott Fitzgerald
609. **Do amor** – Stendhal
610. **Cartas do Yage** – William Burroughs e Allen Ginsberg
611. **Striptiras (2)** – Laerte
612. **Henry & June** – Anaïs Nin
613. **A piscina mortal** – Ross Macdonald
614. **Geraldão (2)** – Glauco
615. **Tempo de delicadeza** – A. R. de Sant'Anna
616. **Tiros na noite 2: Medo de tiro** – Dashiell Hammett
617. **Snoopy em Assim é a vida, Charlie Brown! (3)** – Schulz
618. **1954 – Um tiro no coração** – Hélio Silva
619. **Sobre a inspiração poética (Íon) e ...** – Platão
620. **Garfield e seus amigos (8)** – Jim Davis
621. **Odisseia (3): Ítaca** – Homero
622. **A louca matança** – Chester Himes
623. **Factótum** – Bukowski
624. **Guerra e Paz: volume 1** – Tolstói
626. **Guerra e Paz: volume 2** – Tolstói
627. **Guerra e Paz: volume 3** – Tolstói
628. **Guerra e Paz: volume 4** – Tolstói
629(9). **Shakespeare** – Claude Mourthé
630. **Bem está o que bem acaba** – Shakespeare
631. **O contrato social** – Rousseau
632. **Geração Beat** – Jack Kerouac
633. **Snoopy: É Natal! (4)** – Charles Schulz
634. **Testemunha da acusação** – Agatha Christie
635. **Um elefante no caos** – Millôr Fernandes
636. **Guia de leitura (100 autores que você precisa ler)** – Organização de Léa Masina
637. **Pistoleiros também mandam flores** – David Coimbra
638. **O prazer das palavras** – vol. 1 – Cláudio Moreno
639. **O prazer das palavras** – vol. 2 – Cláudio Moreno
640. **Novíssimo testamento: com Deus e o diabo, a dupla da criação** – Iotti
641. **Literatura Brasileira: modos de usar** – Luís Augusto Fischer
642. **Dicionário de Porto-Alegrês** – Luís A. Fischer
643. **Clô Dias & Noites** – Sérgio Jockymann
644. **Memorial de Isla Negra** – Pablo Neruda
645. **Um homem extraordinário e outras histórias** – Tchékhov
646. **Ana sem terra** – Alcy Cheuiche
647. **Adultérios** – Woody Allen
651. **Snoopy: Posso fazer uma pergunta, professora? (5)** – Charles Schulz
652(10). **Luís XVI** – Bernard Vincent
653. **O mercador de Veneza** – Shakespeare
654. **Cancioneiro** – Fernando Pessoa
655. **Non-Stop** – Martha Medeiros
656. **Carpinteiros, levantem bem alto a cumeeira & Seymour, uma apresentação** – J.D.Salinger
657. **Ensaios céticos** – Bertrand Russell
658. **O melhor de Hagar 5** – Dik e Chris Browne
659. **Primeiro amor** – Ivan Turguêniev
660. **A trégua** – Mario Benedetti
661. **Um parque de diversões da cabeça** – Lawrence Ferlinghetti
662. **Aprendendo a viver** – Sêneca
663. **Garfield, um gato em apuros (9)** – Jim Davis
664. **Dilbert (1)** – Scott Adams
666. **A imaginação** – Jean-Paul Sartre
667. **O ladrão e os cães** – Naguib Mahfuz
669. **A volta do parafuso** seguido de **Daisy Miller** – Henry James
670. **Notas do subsolo** – Dostoiévski
671. **Abobrinhas da Brasilônia** – Glauco
672. **Geraldão (3)** – Glauco
673. **Piadas para sempre (3)** – Visconde da Casa Verde
674. **Duas viagens ao Brasil** – Hans Staden
676. **A arte da guerra** – Maquiavel
677. **Além do bem e do mal** – Nietzsche
678. **O coronel Chabert** seguido de **A mulher abandonada** – Balzac
679. **O sorriso de marfim** – Ross Macdonald

680. **100 receitas de pescados** – Sílvio Lancellotti
681. **O juiz e seu carrasco** – Friedrich Dürrenmatt
682. **Noites brancas** – Dostoiévski
683. **Quadras ao gosto popular** – Fernando Pessoa
685. **Kaos** – Millôr Fernandes
686. **A pele de onagro** – Balzac
687. **As ligações perigosas** – Choderlos de Laclos
689. **Os Lusíadas** – Luís Vaz de Camões
690(11). **Átila** – Éric Deschodt
691. **Um jeito tranquilo de matar** – Chester Himes
692. **A felicidade conjugal** *seguido de* **O diabo** – Tolstói
693. **Viagem de um naturalista ao redor do mundo** – vol. 1 – Charles Darwin
694. **Viagem de um naturalista ao redor do mundo** – vol. 2 – Charles Darwin
695. **Memórias da casa dos mortos** – Dostoiévski
696. **A Celestina** – Fernando de Rojas
697. **Snoopy: Como você é azarado, Charlie Brown! (6)** – Charles Schulz
698. **Dez (quase) amores** – Claudia Tajes
699. **Poirot sempre espera** – Agatha Christie
701. **Apologia de Sócrates** *precedido de* **Êutifron e** *seguido de* **Críton** – Platão
702. **Wood & Stock** – Angeli
703. **Striptiras (3)** – Laerte
704. **Discurso sobre a origem e os fundamentos da desigualdade entre os homens** – Rousseau
705. **Os duelistas** – Joseph Conrad
706. **Dilbert (2)** – Scott Adams
707. **Viver e escrever (vol. 1)** – Edla van Steen
708. **Viver e escrever (vol. 2)** – Edla van Steen
709. **Viver e escrever (vol. 3)** – Edla van Steen
710. **A teia da aranha** – Agatha Christie
711. **O banquete** – Platão
712. **Os belos e malditos** – F. Scott Fitzgerald
713. **Libelo contra a arte moderna** – Salvador Dalí
714. **Akropolis** – Valerio Massimo Manfredi
715. **Devoradores de mortos** – Michael Crichton
716. **Sob o sol da Toscana** – Frances Mayes
717. **Batom na cueca** – Nani
718. **Vida dura** – Claudia Tajes
719. **Carne trêmula** – Ruth Rendell
720. **Cris, a fera** – David Coimbra
721. **O anticristo** – Nietzsche
722. **Como um romance** – Daniel Pennac
723. **Emboscada no Forte Bragg** – Tom Wolfe
724. **Assédio sexual** – Michael Crichton
725. **O espírito do Zen** – Alan W. Watts
726. **Um bonde chamado desejo** – Tennessee Williams
727. **Como gostais** *seguido de* **Conto de inverno** – Shakespeare
728. **Tratado sobre a tolerância** – Voltaire
729. **Snoopy: Doces ou travessuras? (7)** – Charles Schulz
730. **Cardápios do Anonymus Gourmet** – J.A. Pinheiro Machado
731. **100 receitas com lata** – J.A. Pinheiro Machado
732. **Conhece o Mário? vol.2** – Santiago
733. **Dilbert (3)** – Scott Adams
734. **História de um louco amor** *seguido de* **Passado amor** – Horacio Quiroga
735(11). **Sexo: muito prazer** – Laura Meyer da Silva
736(12). **Para entender o adolescente** – Dr. Ronald Pagnoncelli
737(13). **Desembarcando a tristeza** – Dr. Fernando Lucchese
738. **Poirot e o mistério da arca espanhola & outras histórias** – Agatha Christie
739. **A última legião** – Valerio Massimo Manfredi
741. **Sol nascente** – Michael Crichton
742. **Duzentos ladrões** – Dalton Trevisan
743. **Os devaneios do caminhante solitário** – Rousseau
744. **Garfield, o rei da preguiça (10)** – Jim Davis
745. **Os magnatas** – Charles R. Morris
746. **Pulp** – Charles Bukowski
747. **Enquanto agonizo** – William Faulkner
748. **Aline: viciada em sexo (3)** – Adão Iturrusgarai
749. **A dama do cachorrinho** – Anton Tchékhov
750. **Tito Andrônico** – Shakespeare
751. **Antologia poética** – Anna Akhmátova
752. **O melhor de Hagar 6** – Dik e Chris Browne
753(12). **Michelangelo** – Nadine Sautel
754. **Dilbert (4)** – Scott Adams
755. **O jardim das cerejeiras** *seguido de* **Tio Vânia** – Tchékhov
756. **Geração Beat** – Claudio Willer
757. **Santos Dumont** – Alcy Cheuiche
758. **Budismo** – Claude B. Levenson
759. **Cleópatra** – Christian-Georges Schwentzel
760. **Revolução Francesa** – Frédéric Bluche, Stéphane Rials e Jean Tulard
761. **A crise de 1929** – Bernard Gazier
762. **Sigmund Freud** – Edson Sousa e Paulo Endo
763. **Império Romano** – Patrick Le Roux
764. **Cruzadas** – Cécile Morrisson
765. **O mistério do Trem Azul** – Agatha Christie
768. **Senso comum** – Thomas Paine
769. **O parque dos dinossauros** – Michael Crichton
770. **Trilogia da paixão** – Goethe
773. **Snoopy: No mundo da lua! (8)** – Charles Schulz
774. **Os Quatro Grandes** – Agatha Christie
775. **Um brinde de cianureto** – Agatha Christie
776. **Súplicas atendidas** – Truman Capote
779. **A viúva imortal** – Millôr Fernandes
780. **Cabala** – Roland Goetschel
781. **Capitalismo** – Claude Jessua
782. **Mitologia grega** – Pierre Grimal
783. **Economia: 100 palavras-chave** – Jean-Paul Betbèze
784. **Marxismo** – Henri Lefebvre
785. **Punição para a inocência** – Agatha Christie
786. **A extravagância do morto** – Agatha Christie
787(13). **Cézanne** – Bernard Fauconnier
788. **A identidade Bourne** – Robert Ludlum
789. **Da tranquilidade da alma** – Sêneca
790. **Um artista da fome** *seguido de* **Na colônia penal e outras histórias** – Kafka

791. **Histórias de fantasmas** – Charles Dickens
796. **O Uraguai** – Basílio da Gama
797. **A mão misteriosa** – Agatha Christie
798. **Testemunha ocular do crime** – Agatha Christie
799. **Crepúsculo dos ídolos** – Friedrich Nietzsche
802. **O grande golpe** – Dashiell Hammett
803. **Humor barra pesada** – Nani
804. **Vinho** – Jean-François Gautier
805. **Egito Antigo** – Sophie Desplancques
806. (14). **Baudelaire** – Jean-Baptiste Baronian
807. **Caminho da sabedoria, caminho da paz** – Dalai Lama e Felizitas von Schönborn
808. **Senhor e servo e outras histórias** – Tolstói
809. **Os cadernos de Malte Laurids Brigge** – Rilke
810. **Dilbert (5)** – Scott Adams
811. **Big Sur** – Jack Kerouac
812. **Seguindo a correnteza** – Agatha Christie
813. **O álibi** – Sandra Brown
814. **Montanha-russa** – Martha Medeiros
815. **Coisas da vida** – Martha Medeiros
816. **A cantada infalível** seguido de **A mulher do centroavante** – David Coimbra
819. **Snoopy: Pausa para a soneca (9)** – Charles Schulz
820. **De pernas pro ar** – Eduardo Galeano
821. **Tragédias gregas** – Pascal Thiercy
822. **Existencialismo** – Jacques Colette
823. **Nietzsche** – Jean Granier
824. **Amar ou depender?** – Walter Riso
825. **Darmapada: A doutrina budista em versos**
826. **J'Accuse...!** – a verdade em marcha – Zola
827. **Os crimes ABC** – Agatha Christie
828. **Um gato entre os pombos** – Agatha Christie
831. **Dicionário de teatro** – Luiz Paulo Vasconcellos
832. **Cartas extraviadas** – Martha Medeiros
833. **A longa viagem de prazer** – J. J. Morosoli
834. **Receitas fáceis** – J. A. Pinheiro Machado
835. (14). **Mais fatos & mitos** – Dr. Fernando Lucchese
836. (15). **Boa viagem!** – Dr. Fernando Lucchese
837. **Aline: Finalmente nua!!! (4)** – Adão Iturrusgarai
838. **Mônica tem uma novidade!** – Mauricio de Sousa
839. **Cebolinha em apuros!** – Mauricio de Sousa
840. **Sócios no crime** – Agatha Christie
841. **Bocas do tempo** – Eduardo Galeano
842. **Orgulho e preconceito** – Jane Austen
843. **Impressionismo** – Dominique Lobstein
844. **Escrita chinesa** – Viviane Alleton
845. **Paris: uma história** – Yvan Combeau
846. (15). **Van Gogh** – David Haziot
848. **Portal do destino** – Agatha Christie
849. **O futuro de uma ilusão** – Freud
850. **O mal-estar na cultura** – Freud
853. **Um crime adormecido** – Agatha Christie
854. **Satori em Paris** – Jack Kerouac
855. **Medo e delírio em Las Vegas** – Hunter Thompson
856. **Um negócio fracassado e outros contos de humor** – Tchékhov
857. **Mônica está de férias!** – Mauricio de Sousa
858. **De quem é esse coelho?** – Mauricio de Sousa
860. **O mistério Sittaford** – Agatha Christie
861. **Manhã transfigurada** – L. A. de Assis Brasil
862. **Alexandre, o Grande** – Pierre Briant
863. **Jesus** – Charles Perrot
864. **Islã** – Paul Balta
865. **Guerra da Secessão** – Farid Ameur
866. **Um rio que vem da Grécia** – Cláudio Moreno
868. **Assassinato na casa do pastor** – Agatha Christie
869. **Manual do líder** – Napoleão Bonaparte
870. (16). **Billie Holiday** – Sylvia Fol
871. **Bidu arrasando!** – Mauricio de Sousa
872. **Os Sousa: Desventuras em família** – Mauricio de Sousa
874. **E no final a morte** – Agatha Christie
875. **Guia prático do Português correto – vol. 4** – Cláudio Moreno
876. **Dilbert (6)** – Scott Adams
877. (17). **Leonardo da Vinci** – Sophie Chauveau
878. **Bella Toscana** – Frances Mayes
879. **A arte da ficção** – David Lodge
880. **Striptiras (4)** – Laerte
881. **Skrotinhos** – Angeli
882. **Depois do funeral** – Agatha Christie
883. **Radicci 7** – Iotti
884. **Walden** – H. D. Thoreau
885. **Lincoln** – Allen C. Guelzo
886. **Primeira Guerra Mundial** – Michael Howard
887. **A linha de sombra** – Joseph Conrad
888. **O amor é um cão dos diabos** – Bukowski
890. **Despertar: uma vida de Buda** – Jack Kerouac
891. (18). **Albert Einstein** – Laurent Seksik
892. **Hell's Angels** – Hunter Thompson
893. **Ausência na primavera** – Agatha Christie
894. **Dilbert (7)** – Scott Adams
895. **Ao sul de lugar nenhum** – Bukowski
896. **Maquiavel** – Quentin Skinner
897. **Sócrates** – C.C.W. Taylor
899. **O Natal de Poirot** – Agatha Christie
900. **As veias abertas da América Latina** – Eduardo Galeano
901. **Snoopy: Sempre alerta! (10)** – Charles Schulz
902. **Chico Bento: Plantando confusão** – Mauricio de Sousa
903. **Penadinho: Quem é morto sempre aparece** – Mauricio de Sousa
904. **A vida sexual da mulher feia** – Claudia Tajes
905. **100 segredos de liquidificador** – José Antonio Pinheiro Machado
906. **Sexo muito prazer 2** – Laura Meyer da Silva
907. **Os nascimentos** – Eduardo Galeano
908. **As caras e as máscaras** – Eduardo Galeano
909. **O século do vento** – Eduardo Galeano
910. **Poirot perde uma cliente** – Agatha Christie
911. **Cérebro** – Michael O'Shea
912. **O escaravelho de ouro e outras histórias** – Edgar Allan Poe
913. **Piadas para sempre (4)** – Visconde da Casa Verde
914. **100 receitas de massas light** – Helena Tonetto

915(19). **Oscar Wilde** – Daniel Salvatore Schiffer
916. **Uma breve história do mundo** – H. G. Wells
917. **A Casa do Penhasco** – Agatha Christie
919. **John M. Keynes** – Bernard Gazier
920(20). **Virginia Woolf** – Alexandra Lemasson
921. **Peter e Wendy** *seguido de* **Peter Pan em Kensington Gardens** – J. M. Barrie
922. **Aline: numas de colegial (5)** – Adão Iturrusgarai
923. **Uma dose mortal** – Agatha Christie
924. **Os trabalhos de Hércules** – Agatha Christie
926. **Kant** – Roger Scruton
927. **A inocência do Padre Brown** – G.K. Chesterton
928. **Casa Velha** – Machado de Assis
929. **Marcas de nascença** – Nancy Huston
930. **Aulete de bolso**
931. **Hora Zero** – Agatha Christie
932. **Morte na Mesopotâmia** – Agatha Christie
934. **Nem te conto, João** – Dalton Trevisan
935. **As aventuras de Huckleberry Finn** – Mark Twain
936(21). **Marilyn Monroe** – Anne Plantagenet
937. **China moderna** – Rana Mitter
938. **Dinossauros** – David Norman
939. **Louca por homem** – Claudia Tajes
940. **Amores de alto risco** – Walter Riso
941. **Jogo de damas** – David Coimbra
942. **Filha é filha** – Agatha Christie
943. **M ou N?** – Agatha Christie
945. **Bidu: diversão em dobro!** – Mauricio de Sousa
946. **Fogo** – Anaïs Nin
947. **Rum: diário de um jornalista bêbado** – Hunter Thompson
948. **Persuasão** – Jane Austen
949. **Lágrimas na chuva** – Sergio Faraco
950. **Mulheres** – Bukowski
951. **Um pressentimento funesto** – Agatha Christie
952. **Cartas na mesa** – Agatha Christie
954. **O lobo do mar** – Jack London
955. **Os gatos** – Patricia Highsmith
956(22). **Jesus** – Christiane Rancé
957. **História da medicina** – William Bynum
958. **O Morro dos Ventos Uivantes** – Emily Brontë
959. **A filosofia na era trágica dos gregos** – Nietzsche
960. **Os treze problemas** – Agatha Christie
961. **A massagista japonesa** – Moacyr Scliar
963. **Humor do miserê** – Nani
964. **Todo o mundo tem dúvida, inclusive você** – Édison de Oliveira
965. **A dama do Bar Nevada** – Sergio Faraco
969. **O psicopata americano** – Bret Easton Ellis
970. **Ensaios de amor** – Alain de Botton
971. **O grande Gatsby** – F. Scott Fitzgerald
972. **Por que não sou cristão** – Bertrand Russell
973. **A Casa Torta** – Agatha Christie
974. **Encontro com a morte** – Agatha Christie
975(23). **Rimbaud** – Jean-Baptiste Baronian
976. **Cartas na rua** – Bukowski
977. **Memória** – Jonathan K. Foster
978. **A abadia de Northanger** – Jane Austen
979. **As pernas de Úrsula** – Claudia Tajes
980. **Retrato inacabado** – Agatha Christie
981. **Solanin (1)** – Inio Asano
982. **Solanin (2)** – Inio Asano
983. **Aventuras de menino** – Mitsuru Adachi
984(16). **Fatos & mitos sobre sua alimentação** – Dr. Fernando Lucchese
985. **Teoria quântica** – John Polkinghorne
986. **O eterno marido** – Fiódor Dostoiévski
987. **Um safado em Dublin** – J. P. Donleavy
988. **Mirinha** – Dalton Trevisan
989. **Akhenaton e Nefertiti** – Carmen Seganfredo e A. S. Franchini
990. **On the Road – o manuscrito original** – Jack Kerouac
991. **Relatividade** – Russell Stannard
992. **Abaixo de zero** – Bret Easton Ellis
993(24). **Andy Warhol** – Mériam Korichi
995. **Os últimos casos de Miss Marple** – Agatha Christie
996. **Nico Demo: Aí vem encrenca** – Mauricio de Sousa
998. **Rousseau** – Robert Wokler
999. **Noite sem fim** – Agatha Christie
1000. **Diários de Andy Warhol (1)** – Editado por Pat Hackett
1001. **Diários de Andy Warhol (2)** – Editado por Pat Hackett
1002. **Cartier-Bresson: o olhar do século** – Pierre Assouline
1003. **As melhores histórias da mitologia: vol. 1** – A.S. Franchini e Carmen Seganfredo
1004. **As melhores histórias da mitologia: vol. 2** – A.S. Franchini e Carmen Seganfredo
1005. **Assassinato no beco** – Agatha Christie
1006. **Convite para um homicídio** – Agatha Christie
1008. **História da vida** – Michael J. Benton
1009. **Jung** – Anthony Stevens
1010. **Arsène Lupin, ladrão de casaca** – Maurice Leblanc
1011. **Dublinenses** – James Joyce
1012. **120 tirinhas da Turma da Mônica** – Mauricio de Sousa
1013. **Antologia poética** – Fernando Pessoa
1014. **A aventura de um cliente ilustre** *seguido de* **O último adeus de Sherlock Holmes** – Sir Arthur Conan Doyle
1015. **Cenas de Nova York** – Jack Kerouac
1016. **A corista** – Anton Tchékhov
1017. **O diabo** – Leon Tolstói
1018. **Fábulas chinesas** – Sérgio Capparelli e Márcia Schmaltz
1019. **O gato do Brasil** – Sir Arthur Conan Doyle
1020. **Missa do Galo** – Machado de Assis
1021. **O mistério de Marie Rogêt** – Edgar Allan Poe
1022. **A mulher mais linda da cidade** – Bukowski
1023. **O retrato** – Nicolai Gogol
1024. **O conflito** – Agatha Christie
1025. **Os primeiros casos de Poirot** – Agatha Christie
1027(25). **Beethoven** – Bernard Fauconnier

1028. **Platão** – Julia Annas
1029. **Cleo e Daniel** – Roberto Freire
1030. **Til** – José de Alencar
1031. **Viagens na minha terra** – Almeida Garrett
1032. **Profissões para mulheres e outros artigos feministas** – Virginia Woolf
1033. **Mrs. Dalloway** – Virginia Woolf
1034. **O cão da morte** – Agatha Christie
1035. **Tragédia em três atos** – Agatha Christie
1037. **O fantasma da Ópera** – Gaston Leroux
1038. **Evolução** – Brian e Deborah Charlesworth
1039. **Medida por medida** – Shakespeare
1040. **Razão e sentimento** – Jane Austen
1041. **A obra-prima ignorada** *seguido de* **Um episódio durante o Terror** – Balzac
1042. **A fugitiva** – Anaïs Nin
1043. **As grandes histórias da mitologia greco-romana** – A. S. Franchini
1044. **O corno de si mesmo & outras historietas** – Marquês de Sade
1045. **Da felicidade** *seguido de* **Da vida retirada** – Sêneca
1046. **O horror em Red Hook e outras histórias** – H. P. Lovecraft
1047. **Noite em claro** – Martha Medeiros
1048. **Poemas clássicos chineses** – Li Bai, Du Fu e Wang Wei
1049. **A terceira moça** – Agatha Christie
1050. **Um destino ignorado** – Agatha Christie
1051(26). **Buda** – Sophie Royer
1052. **Guerra Fria** – Robert J. McMahon
1053. **Simons's Cat: as aventuras de um gato travesso e comilão – vol. 1** – Simon Tofield
1054. **Simons's Cat: as aventuras de um gato travesso e comilão – vol. 2** – Simon Tofield
1055. **Só as mulheres e as baratas sobreviverão** – Claudia Tajes
1057. **Pré-história** – Chris Gosden
1058. **Pintou sujeira!** – Mauricio de Sousa
1059. **Contos de Mamãe Gansa** – Charles Perrault
1060. **A interpretação dos sonhos: vol. 1** – Freud
1061. **A interpretação dos sonhos: vol. 2** – Freud
1062. **Frufru Rataplã Dolores** – Dalton Trevisan
1063. **As melhores histórias da mitologia egípcia** – Carmem Seganfredo e A.S. Franchini
1064. **Infância. Adolescência. Juventude** – Tolstói
1065. **As consolações da filosofia** – Alain de Botton
1066. **Diários de Jack Kerouac – 1947-1954**
1067. **Revolução Francesa – vol. 1** – Max Gallo
1068. **Revolução Francesa – vol. 2** – Max Gallo
1069. **O detetive Parker Pyne** – Agatha Christie
1070. **Memórias do esquecimento** – Flávio Tavares
1071. **Drogas** – Leslie Iversen
1072. **Manual de ecologia (vol.2)** – J. Lutzenberger
1073. **Como andar no labirinto** – Affonso Romano de Sant'Anna
1074. **A orquídea e o serial killer** – Juremir Machado da Silva
1075. **Amor nos tempos de fúria** – Lawrence Ferlinghetti
1076. **A aventura do pudim de Natal** – Agatha Christie
1078. **Amores que matam** – Patricia Faur
1079. **Histórias de pescador** – Mauricio de Sousa
1080. **Pedaços de um caderno manchado de vinho** – Bukowski
1081. **A ferro e fogo: tempo de solidão (vol.1)** – Josué Guimarães
1082. **A ferro e fogo: tempo de guerra (vol.2)** – Josué Guimarães
1084(17). **Desembarcando o Alzheimer** – Dr. Fernando Lucchese e Dra. Ana Hartmann
1085. **A maldição do espelho** – Agatha Christie
1086. **Uma breve história da filosofia** – Nigel Warburton
1088. **Heróis da História** – Will Durant
1089. **Concerto campestre** – L. A. de Assis Brasil
1090. **Morte nas nuvens** – Agatha Christie
1091. **Aventura em Bagdá** – Agatha Christie
1092. **O cavalo amarelo** – Agatha Christie
1094. **O método de interpretação dos sonhos** – Freud
1095. **Sonetos de amor e desamor** – Vários
1096. **120 tirinhas do Dilbert** – Scott Adams
1097. **200 fábulas de Esopo**
1098. **O curioso caso de Benjamin Button** – F. Scott Fitzgerald
1099. **Piadas para sempre: uma antologia para morrer de rir** – Visconde da Casa Verde
1100. **Hamlet (Mangá)** – Shakespeare
1101. **A arte da guerra (Mangá)** – Sun Tzu
1104. **As melhores histórias da Bíblia (vol.1)** – A. S. Franchini e Carmen Seganfredo
1105. **As melhores histórias da Bíblia (vol.2)** – A. S. Franchini e Carmen Seganfredo
1106. **Psicologia das massas e análise do eu** – Freud
1107. **Guerra Civil Espanhola** – Helen Graham
1108. **A autoestrada do sul e outras histórias** – Julio Cortázar
1109. **O mistério dos sete relógios** – Agatha Christie
1110. **Peanuts: Ninguém gosta de mim... (amor)** – Charles Schulz
1111. **Cadê o bolo?** – Mauricio de Sousa
1112. **O filósofo ignorante** – Voltaire
1113. **Totem e tabu** – Freud
1114. **Filosofia pré-socrática** – Catherine Osborne
1115. **Desejo de status** – Alain de Botton
1118. **Passageiro para Frankfurt** – Agatha Christie
1120. **Kill All Enemies** – Melvin Burgess
1121. **A morte da sra. McGinty** – Agatha Christie
1122. **Revolução Russa** – S. A. Smith
1123. **Até você, Capitu?** – Dalton Trevisan
1124. **O grande Gatsby (Mangá)** – F. S. Fitzgerald
1125. **Assim falou Zaratustra (Mangá)** – Nietzsche
1126. **Peanuts: É para isso que servem os amigos (amizade)** – Charles Schulz
1127(27). **Nietzsche** – Dorian Astor
1128. **Bidu: Hora do banho** – Mauricio de Sousa
1129. **O melhor do Macanudo Taurino** – Santiago
1130. **Radicci 30 anos** – Iotti
1131. **Show de sabores** – J.A. Pinheiro Machado

1132. **O prazer das palavras** – vol. 3 – Cláudio Moreno
1133. **Morte na praia** – Agatha Christie
1134. **O fardo** – Agatha Christie
1135. **Manifesto do Partido Comunista (Mangá)** – Marx & Engels
1136. **A metamorfose (Mangá)** – Franz Kafka
1137. **Por que você não se casou... ainda** – Tracy McMillan
1138. **Textos autobiográficos** – Bukowski
1139. **A importância de ser prudente** – Oscar Wilde
1140. **Sobre a vontade na natureza** – Arthur Schopenhauer
1141. **Dilbert (8)** – Scott Adams
1142. **Entre dois amores** – Agatha Christie
1143. **Cipreste triste** – Agatha Christie
1144. **Alguém viu uma assombração?** – Mauricio de Sousa
1145. **Mandela** – Elleke Boehmer
1146. **Retrato do artista quando jovem** – James Joyce
1147. **Zadig ou o destino** – Voltaire
1148. **O contrato social (Mangá)** – J.-J. Rousseau
1149. **Garfield fenomenal** – Jim Davis
1150. **A queda da América** – Allen Ginsberg
1151. **Música na noite & outros ensaios** – Aldous Huxley
1152. **Poesias inéditas & Poemas dramáticos** – Fernando Pessoa
1153. **Peanuts: Felicidade é...** – Charles M. Schulz
1154. **Mate-me por favor** – Legs McNeil e Gillian McCain
1155. **Assassinato no Expresso Oriente** – Agatha Christie
1156. **Um punhado de centeio** – Agatha Christie
1157. **A interpretação dos sonhos (Mangá)** – Freud
1158. **Peanuts: Você não entende o sentido da vida** – Charles M. Schulz
1159. **A dinastia Rothschild** – Herbert R. Lottman
1160. **A Mansão Hollow** – Agatha Christie
1161. **Nas montanhas da loucura** – H.P. Lovecraft
1162. (28). **Napoleão Bonaparte** – Pascale Fautrier
1163. **Um corpo na biblioteca** – Agatha Christie
1164. **Inovação** – Mark Dodgson e David Gann
1165. **O que toda mulher deve saber sobre os homens: a afetividade masculina** – Walter Riso
1166. **O amor está no ar** – Mauricio de Sousa
1167. **Testemunha de acusação & outras histórias** – Agatha Christie
1168. **Etiqueta de bolso** – Celia Ribeiro
1169. **Poesia reunida (volume 3)** – Affonso Romano de Sant'Anna
1170. **Emma** – Jane Austen
1171. **Que seja em segredo** – Ana Miranda
1172. **Garfield sem apetite** – Jim Davis
1173. **Garfield: Foi mal...** – Jim Davis
1174. **Os irmãos Karamázov (Mangá)** – Dostoiévski
1175. **O Pequeno Príncipe** – Antoine de Saint-Exupéry
1176. **Peanuts: Ninguém mais tem o espírito aventureiro** – Charles M. Schulz
1177. **Assim falou Zaratustra** – Nietzsche
1178. **Morte no Nilo** – Agatha Christie
1179. **Ê, soneca boa** – Mauricio de Sousa
1180. **Garfield a todo o vapor** – Jim Davis
1181. **Em busca do tempo perdido (Mangá)** – Proust
1182. **Cai o pano: o último caso de Poirot** – Agatha Christie
1183. **Livro para colorir e relaxar** – Livro 1
1184. **Para colorir sem parar**
1185. **Os elefantes não esquecem** – Agatha Christie
1186. **Teoria da relatividade** – Albert Einstein
1187. **Compêndio da psicanálise** – Freud
1188. **Visões de Gerard** – Jack Kerouac
1189. **Fim de verão** – Mohiro Kitoh
1190. **Procurando diversão** – Mauricio de Sousa
1191. **E não sobrou nenhum e outras peças** – Agatha Christie
1192. **Ansiedade** – Daniel Freeman & Jason Freeman
1193. **Garfield: pausa para o almoço** – Jim Davis
1194. **Contos do dia e da noite** – Guy de Maupassant
1195. **O melhor de Hagar 7** – Dik Browne
1196. (29). **Lou Andreas-Salomé** – Dorian Astor
1197. (30). **Pasolini** – René de Ceccatty
1198. **O caso do Hotel Bertram** – Agatha Christie
1199. **Crônicas de motel** – Sam Shepard
1200. **Pequena filosofia da paz interior** – Catherine Rambert
1201. **Os sertões** – Euclides da Cunha
1202. **Treze à mesa** – Agatha Christie
1203. **Bíblia** – John Riches
1204. **Anjos** – David Albert Jones
1205. **As tirinhas do Guri de Uruguaiana 1** – Jair Kobe
1206. **Entre aspas (vol.1)** – Fernando Eichenberg
1207. **Escrita** – Andrew Robinson
1208. **O spleen de Paris: pequenos poemas em prosa** – Charles Baudelaire
1209. **Satíricon** – Petrônio
1210. **O avarento** – Molière
1211. **Queimando na água, afogando-se na chama** – Bukowski
1212. **Miscelânea septuagenária: contos e poemas** – Bukowski
1213. **Que filosofar é aprender a morrer e outros ensaios** – Montaigne
1214. **Da amizade e outros ensaios** – Montaigne
1215. **O medo à espreita e outras histórias** – H.P. Lovecraft
1216. **A obra de arte na era de sua reprodutibilidade técnica** – Walter Benjamin
1217. **Sobre a liberdade** – John Stuart Mill
1218. **O segredo de Chimneys** – Agatha Christie
1219. **Morte na rua Hickory** – Agatha Christie
1220. **Ulisses (Mangá)** – James Joyce
1221. **Ateísmo** – Julian Baggini
1222. **Os melhores contos de Katherine Mansfield** – Katherine Mansfied
1223. (31). **Martin Luther King** – Alain Foix

1224. **Millôr Definitivo: uma antologia de** *A Bíblia do Caos* – Millôr Fernandes
1225. **O Clube das Terças-Feiras e outras histórias** – Agatha Christie
1226. **Por que sou tão sábio** – Nietzsche
1227. **Sobre a mentira** – Platão
1228. **Sobre a leitura** *seguido do* **Depoimento de Céleste Albaret** – Proust
1229. **O homem do terno marrom** – Agatha Christie
1230(32). **Jimi Hendrix** – Franck Médioni
1231. **Amor e amizade e outras histórias** – Jane Austen
1232. **Lady Susan, Os Watson e Sanditon** – Jane Austen
1233. **Uma breve história da ciência** – William Bynum
1234. **Macunaíma: o herói sem nenhum caráter** – Mário de Andrade
1235. **A máquina do tempo** – H.G. Wells
1236. **O homem invisível** – H.G. Wells
1237. **Os 36 estratagemas: manual secreto da arte da guerra** – Anônimo
1238. **A mina de ouro e outras histórias** – Agatha Christie
1239. **Pic** – Jack Kerouac
1240. **O habitante da escuridão e outros contos** – H.P. Lovecraft
1241. **O chamado de Cthulhu e outros contos** – H.P. Lovecraft
1242. **O melhor de Meu reino por um cavalo!** – Edição de Ivan Pinheiro Machado
1243. **A guerra dos mundos** – H.G. Wells
1244. **O caso da criada perfeita e outras histórias** – Agatha Christie
1245. **Morte por afogamento e outras histórias** – Agatha Christie
1246. **Assassinato no Comitê Central** – Manuel Vázquez Montalbán
1247. **O papai é pop** – Marcos Piangers
1248. **O papai é pop 2** – Marcos Piangers
1249. **A mamãe é rock** – Ana Cardoso
1250. **Paris boêmia** – Dan Franck
1251. **Paris libertária** – Dan Franck
1252. **Paris ocupada** – Dan Franck
1253. **Uma anedota infame** – Dostoiévski
1254. **O último dia de um condenado** – Victor Hugo
1255. **Nem só de caviar vive o homem** – J.M. Simmel
1256. **Amanhã é outro dia** – J.M. Simmel
1257. **Mulherzinhas** – Louisa May Alcott
1258. **Reforma Protestante** – Peter Marshall
1259. **História econômica global** – Robert C. Allen
1260(33). **Che Guevara** – Alain Foix
1261. **Câncer** – Nicholas James
1262. **Akhenaton** – Agatha Christie
1263. **Aforismos para a sabedoria de vida** – Arthur Schopenhauer
1264. **Uma história do mundo** – David Coimbra
1265. **Ame e não sofra** – Walter Riso
1266. **Desapegue-se!** – Walter Riso
1267. **Os Sousa: Uma família do barulho** – Mauricio de Sousa
1268. **Nico Demo: O rei da travessura** – Mauricio de Sousa
1269. **Testemunha de acusação e outras peças** – Agatha Christie
1270(34). **Dostoiévski** – Virgil Tanase
1271. **O melhor de Hagar 8** – Dik Browne
1272. **O melhor de Hagar 9** – Dik Browne
1273. **O melhor de Hagar 10** – Dik e Chris Browne
1274. **Considerações sobre o governo representativo** – John Stuart Mill
1275. **O homem Moisés e a religião monoteísta** – Freud
1276. **Inibição, sintoma e medo** – Freud
1277. **Além do princípio de prazer** – Freud
1278. **O direito de dizer não!** – Walter Riso
1279. **A arte de ser flexível** – Walter Riso
1280. **Casados e descasados** – August Strindberg
1281. **Da Terra à Lua** – Júlio Verne
1282. **Minhas galerias e meus pintores** – Kahnweiler
1283. **A arte do romance** – Virginia Woolf
1284. **Teatro completo v. 1: As aves da noite** *seguido de* **O visitante** – Hilda Hilst
1285. **Teatro completo v. 2: O verdugo** *seguido de* **A morte do patriarca** – Hilda Hilst
1286. **Teatro completo v. 3: O rato no muro** *seguido de* **Auto da barca de Camiri** – Hilda Hilst
1287. **Teatro completo v. 4: A empresa** *seguido de* **O novo sistema** – Hilda Hilst
1288. **Sapiens: Uma breve história da humanidade** – Yuval Noah Harari
1289. **Fora de mim** – Martha Medeiros
1290. **Divã** – Martha Medeiros
1291. **Sobre a genealogia da moral: um escrito polêmico** – Nietzsche
1292. **A consciência de Zeno** – Italo Svevo
1293. **Células-tronco** – Jonathan Slack
1294. **O fim do ciúme e outros contos** – Proust
1295. **A jangada** – Júlio Verne
1296. **A ilha do dr. Moreau** – H.G. Wells
1297. **Ninho de fidalgos** – Ivan Turguêniev
1298. **Jane Eyre** – Charlotte Brontë
1299. **Sobre gatos** – Bukowski
1300. **Sobre o amor** – Bukowski
1301. **Escrever para não enlouquecer** – Bukowski
1302. **222 receitas** – J. A. Pinheiro Machado
1303. **Reinações de Narizinho** – Monteiro Lobato
1304. **O Saci** – Monteiro Lobato
1305. **Memórias da Emília** – Monteiro Lobato
1306. **O Picapau Amarelo** – Monteiro Lobato
1307. **A reforma da Natureza** – Monteiro Lobato
1308. **Fábulas** *seguido de* **Histórias diversas** – Monteiro Lobato
1309. **Aventuras de Hans Staden** – Monteiro Lobato
1310. **Peter Pan** – Monteiro Lobato
1311. **Dom Quixote das crianças** – Monteiro Lobato
1312. **O Minotauro** – Monteiro Lobato

lepmeditores
www.lpm.com.br
o site que conta tudo

IMPRESSÃO:

PALLOTTI
GRÁFICA

Santa Maria - RS | Fone: (55) 3220.4500
www.graficapallotti.com.br